이제
하고 싶은 일이
생겼어요

이제

하고 싶은 일이
생겼어요

조성심 지음

KSi 한국학술정보㈜

책을 시작하며

최근 청소년들이 가장 많이 고민하고 있는 문제는 학업과 진로이다. 학업과 진로는 별개의 범주가 아니라 하나의 목적으로 귀결된다. 그러나 우리나라의 많은 청소년들과 부모들은 학업과 진로의 관계성에 대해 진지하게 생각해 보지 않는 것 같다. 청소년들의 성공적인 삶은 좋은 성적을 받고 많은 사람들이 선호하는 학교와 학과에 가는 것이라고 생각한다. 우리 청소년들은 진정으로 자신이 무엇을 잘하는지, 무엇을 하고 싶은지, 또 무엇을 하며 살아갈 것인지에 대해 진지하게 생각해 보지 못한 채 청소년기를 보내고 있다.

청소년들이 자신의 삶에 긍정적인 가치를 부여하고 성공하려는 구체적인 동기를 갖는 것은 뚜렷한 진로를 구상하여 자신의 삶에 대한 꿈을 가질 때 가능하다. 그 꿈은 어떤 역경과 유혹도 이겨낼 수 있게 하는 힘을 가질 수 있게 해준다. 하지만 우리나라 교육의 현실은 그렇지가 못하다. 마치 여객선에 승선한 승객들에게 그들이 가고 있는 목적지가 어디인지를 가르쳐 주지도 않고 알고 싶지도 않은 것처럼 막연한 승선을 하고 있다. 그러나 다행인 것은 최근 교육계가 창의적 체험활동과 입학사정관제 및 진로진학상담교사 제도를 도입하면서 진로교육을 내실화하려는 변화를 보이고 있다는 것이다.

이 책은 청소년을 위한 생태체계관점의 진로탐색 프로그램 매뉴얼이다. 청소년들이 자신에 대한 이해와 타인에 대한 이해를 바탕으로 보다 합리적으로 진로목표를 설정하고 계획하며 구체적으로 실행해 나갈 수 있도록 가정, 또래 및 학교, 지역사회가 연계된 내용으로 구성되어 있다. 일반학생들에게 유용한 내용구성은 물론이고 특히 학교생활에 어려움을 겪는 청소년들에게 적용하기에도 적합한 내용이다.

Part 01은 전체적인 프로그램의 개관을 설명하였다. Part 02는 지도자들이 진로탐색 프로그램을 구체적으로 진행할 수 있는 운영지침서와 학생들의 활동지를 세부적으로 제시하였다. 청소년의 진로지도는 청소년 자신에게만 행해져서 되는 것이 아니라 부모들과 교사들의 협력이 필요하다. 이에 학부모와 교사에 대한 연수내용도 포함하여 구성하였다. 또한 진로탐색 프로그램에서 활용할 수 있는 진로 관련 사이트와 문헌정보들로 구성하였다.

이 책은 중·고등학생을 대상으로 진로를 지도하는 교사와 부모에게 유용한 활용자료가 되도록 구성하였다. 진로진학상담교사, 학교사회복지사, 교육복지전문가에게 뿐만 아니라 부모교육, 교사교육, 진로상담과 교육 관련 전공과목 등으로 높은 활용도를 가질 수 있을 것이다.

비록 부족한 점이 많지만 가정·학교·지역사회를 연계한 진로탐색프로그램 매뉴얼을 통해 우리 청소년들이 '이제 하고 싶은 일이 생겼어요!'라고 자신 있게 말할 수 있도록 유용하게 활용되기를 기대한다.

2011년 4월

조성심

CONTENTS

Part **01**

프로그램 개관

1. 프로그램 개발의 필요성

현대사회의 직업세계 및 노동시장의 구조는 세계화와 정보화의 빠른 시대적 변화에 따라 고도로 세분화되고 전문화되어 가고 있다. 이런 급속한 변화에 대응하기 위해서 직업선택에 대한 준비가 청소년기에 수행해야 할 중요한 과제로 부각되고 있다. 청소년기의 직업선택에 대한 준비는 자신에 대한 올바른 이해와 함께 직업에 대한 다양한 지식 및 정보를 토대로 이루어지게 되므로 청소년 개인의 생애개발과 개인의 생애에 걸친 진로선택, 진로준비 및 결정을 돕는 체계적인 진로지도와 진로교육이 매우 중요하다고 하겠다.

청소년기는 발달단계상 진로발달에 중요한 시기로 개인이 학교생활, 여가활동, 시간제 일을 통해 자아를 검증하고 역할을 시행해 보며 자신의 흥미와 적성에 맞는 직업을 찾는 진로를 탐색하는 시기이다. 그러나 입시 위주의 우리나라 교육환경에서 청소년은 자신의 꿈이 무엇인지, 무엇을 하고 싶은지, 무엇을 하며 살아갈 것인지에 대한 자신의 진로 및 직업에 대해 충분히 고려하지 못한 채 자신의 성적에 맞는 학과를 선택하고 있어 대학에 진학하여서도 자신의 진로에 대해 많은 고민을 하고 있다. 또한 학교교육에서도 학생의 적성과 흥미를 고려하여 학생 개개인에 맞는 전문적인 진로교육 및 진로지도가 체계적으로 이루어지고 있지 않으며, 자녀의 진로발달 및 진로선택에 많은 영향을 미치는 학부모들도 자녀의 진로에 대한 지식 및 정보가 부족한 실정이다. 또한 청소년들의 진로교육 프로그램에서 자신의 진로 및 직업에 대한 체험적인 활동이 중요하고 효과적임에도 불구하고 지역사회를 연계한 다양한 체험적 진로교육활동이 활성화되어 있지 않다.

그동안 교육과학기술부를 비롯하여 전국의 시·도교육연구원에서는 학생 청소년들을 대상으로 하는 다양한 진로지도 프로그램이 보급되어 활용되고 있다. 그러나 이들 진로지도 프로그램들은 공통적으로 진로집단 프로그램이 갖는 일반적인 목표에만 근거하여 청소년의 개인 내적인 체계에만 접근하였을 뿐, 청소년의 중요한 환경체계인 학교와 가정 및 또래, 지역사회에 대해 포괄적인 개입을 하고 있지 못하다. 진로지도 프로그램은 개인의 흥미와 적성을 고려한 청소년의 개인 내적인 요인은 물론이고, 자신의 생활과 밀접한 관계를 맺고 있는 학교와 또래, 부모와의 관계 속에서 지역사회가 함께 참여하여 진로를 탐색해 나가는 과정이 중요하다.

이와 같이 진로지도 프로그램은 청소년의 자기이해와 더불어 학교와 가정 및 또래, 학교와 지역사회가 연계된 생태체계관점에서 청소년의 환경체계를 고려한 개인의 특성과 수준에 맞는 차별화된 진로탐색 프로그램이 개발되어야 할 필요성이 있다.

2. 프로그램의 목적

진로지도 프로그램을 통해 청소년들은 자신에 대해 이해하고 자신의 적성과 흥미, 성격 및 가치관에 부합되는 직업세계에 대해 탐색하며, 학부모들에게는 부모교육과 부모참여 집단 프로그램을 통해 자녀의 학교생활 및 진로에 대해 올바른 인식을 갖게 한다. 뿐만 아니라, 청소년들에게 또래와 학교생활 속에서의 진로탐색과 지역사회의 체험적 활동을 통해 청소년들이 보다 실질적이고 구체적으로 자신의 진로를 설계하고 결정하는 데 그 목적을 둔다.

3. 프로그램의 목표

1) 자기이해 및 자기탐색을 한다

자신에 대한 이해와 자기탐색을 통해 자신의 신체, 성격, 흥미와 관련된 직업에 대해 탐색해 봄으로써 자신의 진로를 생각해 본다.

2) 또래 및 학교생활 속에서 진로를 탐색해 본다

또래와 학교생활 속에서의 진로탐색 활동을 통해 대인관계 및 학교생활과 진로와의 관련성을 확인하고 중요성을 탐색한다.

3) 진로와 직업에 대해 이해하고 직업의 소중함을 탐색해 본다

    다양한 직업세계와 일의 세계를 이해하며 자신의 적성과 흥미에 맞는 자신의 진로를 설계하며 체험적인 진로활동을 통해 자신의 희망직업을 탐색한다.

4) 자신의 진로를 설계한다

    자신의 진로목표 세우기 및 진로 재조정 활동을 통해 자신의 진로를 설계한다.

5) 부모연수 및 교사연수를 통해 청소년의 진로를 이해한다

    부모 자신과 자녀에 대한 이해를 통해 긍정적인 양육태도를 익히며 자녀의 적성과 흥미에 맞는 진로에 대해 이해한다. 교사연수를 통해 교사들의 진로지도 및 진로교육의 중요성을 재인식하게 한다.

4. 프로그램의 구성

    본 프로그램은 학교 청소년들을 대상으로 진로에 대한 올바른 이해와 탐색을 위해 청소년의 중요한 환경체계인 학교 및 또래, 가정, 지역사회에 대한 생태체계적 관점으로 접근하였다. 진로관련 변인에 근거하여 프로그램을 회기별로 구성하였으며, 프로그램의 내용은 크게 다섯 부분으로 자기이해 및 자기탐색, 또래와 학교생활 속의 진로, 진로와 직업 이해, 직업탐색, 진로설계의 내용으로 구성되어 있다. 본 프로그램의 내용을 간단히 살펴보면 다음과 같다.

회기	진로영역	프로그램	교육 내용		진로관련 변인		
					진로성숙	진로결정	생태체계
1	준비과정	오리엔테이션 -기대되는 첫 모임-	• 프로그램의 목적 설명 • 상호 소개 및 친밀감 형성하기 • 사전검사(자아존중감, 진로결정 자기효능감 진로성숙도 검사)		사전조사	사전조사	–
2	자기이해 및 자기탐색 & 진로와 직업 이해	내 안의 나를 보아요 1	• 내가 아는 나에 대한 이해 • 자신의 여러 가지 모습 성찰 • 자신의 강점발견을 통해 자아존중감 향상		능력 (자기이해)	문제해결	개인
3		일의 소중함과 보람에 대한 나의 생각	• 내가 잘 할 수 있는 일, 재미있는 일, 하고 싶은 일은? • 내 삶의 가치관과 직업의 관련성에 대해 나누기 • 일의 소중함과 보람을 통해 자신의 가치 탐색		태도(일에 대한 태도)	직업 정보	개인
4		내 안의 나를 보아요 2	• 자신의 가치관에 대한 이해 • 자신의 가치관과 직업가치관과의 관계 • 올바른 가치관에 대한 이해 • 긍정적 자아관을 통한 자아존중감 향상	교사·부모 연수	능력 (자기이해)	문제해결	개인
5		나의 신체 & 성격 & 흥미 & 적성과 직업	• 나의 성격유형 & 흥미 & 적성 알아보기 • 나의 성격유형 & 흥미 & 적성과 맞는 관련 직업 • 신체적 조건과 관련 직업 • 나의 관심 직업과 대학학과 알아보기		능력 (자기이해)	문제해결	개인
6		나의 의사를 결정하게 하는 것은?	• 나의 의사결정 유형에 대해 알아보기 • 합리적인 의사결정이란? • 나의 생활 속에서 의사결정 유형은? • 나의 의사결정을 합리적으로 하려면? • 직업과 관련된 합리적 의사결정		능력 (합리적 의사결정)	문제해결	개인
7	또래와 학교생활속 진로	친구와의 관계 속에서 나의 진로	• 나의 의사소통 능력은?/친구와 잘 지낸다는것 • 친구의 흥미와 적성을 알아보고 진로고민 나누기 • 친구를 지지하고 친구로부터 지지받기		능력 (자기이해)	문제해결	또래
8		학교생활 속에서의 나의 진로	• 학교생활에서의 나를 발견하기 • 학교생활 속에서의 진로 찾기 • 선생님과 함께 나의 진로에 대해 나누기 • 선생님으로부터 지지받기	교사·부모 개입	능력 (자기이해)	문제해결	학교 생활
9	진로와 직업 이해	직업세계에 대한 이해&나의 적성과 흥미, 그리고 나의 진로설계	• 직업의 개념과 의미에 대한 이해 • 다양한 직업의 세계에 대한 이해 • 관심 직업관련 대학 학과에 대한 이해 • 미래의 유망 직업에 대해 알아보기 • 내가 생각하는 나의 진로 & 직업 • 진로설계 실천을 위한 나의 노력		능력 (정보활용) 태도 (계획성) 행동 (진로탐색준비행동)	직업 정보 목표 설정	개인/가정

10	직업
	탐색
		나의 관심 대학학과멘토
		와 직업인과의 만남/직
		장 방문/ 진로체험활동
			• 관심 직업관련 대학생 멘토를 통해 대학 간접
			  체험
			• 대학생과 함께하는 직업인과의 만남
			• 직업인과의 인터뷰
			• 인터뷰 내용을 통해 부모님과 함께 진로 재설계
			• 관심 직업인의 직장 방문 및 직업체험활동
			• 직업체험활동 보고서 작성
			• 부모님과 함께하는 진로설계-부모님과 함께
			  작성하기
				교
				사
				·
				부
				모
				개
				입
					행동
					(진로탐색
					준비행동)
						목표
						설정
						&
						계획
							가정/
							지역
							사회

11	진로
	설계
		나의 진로목표 및 진로
		설계 재조정/진로계획
		세우기
			• 나의 진로설계 재조정하기(부모님과 함께 작성한
			  내용)
			• 나의 생애 설계하기(진로계획 세우기)/진로계획, 진
			  로신문 전시회 개최
				태도
				(계획성)
					계획	개인/
						가정/
						학교

12	종결	마무리 및 총평가	• 전체 프로그램 참여과정 정리하기 • 프로그램 참여 소감문 작성하기 • 사후검사(자아존중감, 진로결정 자기효능감, 진로 성숙도 검사)	사후 검사	사후 검사	–
수시		개별상담	• 대상 학생별 2~3회 이상 개별상담 실시	–	–	개인

5. 기대효과

(1) 객관적이고 긍정적인 자기이해 및 자기탐색을 통해 성장 동기를 부여하고 진로에 대해 올바른 인식을 가질 수 있을 것이다.

(2) 직업세계에 대한 이해와 자신과 일의 세계를 연결시켜 봄으로써 자기 주도적으로 진로를 탐색하고 계획할 수 있는 진로성숙도와 자신의 진로목표를 성취할 수 있을 것이라는 진로결정 자기효능감이 향상될 것이다.

(3) 참여구성원들이 가정생활 및 또래와 학교생활 속에서 진로를 탐색하는 과정에서 가정과 학교생활태도 및 대인관계가 긍정적으로 변화되는 데 도움이 될 것이다.

6. 유의점

(1) 프로그램 참여구성원들이 진지하고도 흥미롭게 프로그램에 참여할 수 있도록 한다.

(2) 진행자는 집단구성원들과의 관계형성을 통해 신뢰관계를 구축한다.

(3) 프로그램 참여구성원들의 부모 및 담임교사에 대해 개입하기 위한 관계형성 전략을 계획한다. 학교 밖 기관에서 본 프로그램을 활용할 시에는 또래 및 담임교사에 대한 개입에 대해 사전에 어떻게 접근할 것인지에 대한 계획이 필요하다. 공문을 통해 공식적인 요청이 선행되어야 할 것이다.

(4) 본 프로그램의 내용에 대해 구성원의 성향과 집단 간 응집력의 정도에 따라 프로그램을 재구성하여 활용하도록 한다.

7. 프로그램 활용 준비

본 프로그램의 활동장소는 진행에 있어서 매우 중요한 요소이다. 집단구성원들의 비밀보장이 되면서 자유롭고 편안하게 프로그램을 진행할 수 있는 장소를 선정해야 한다. 중간 탈락자를 방지하기 위한 지도자의 세심한 관찰과 배려가 중요하며, 하위집단이 형성되어 프로그램 진행에 방해가 되지 않도록 지속적인 관심이 요구된다.

집단지도에서 놓칠 수 있는 개별에 대한 접근을 위해 집단 구성원에 대한 개별상담과 구성원의 부모 및 담임교사에 대한 개별상담 및 개입이 필요한 경우가 있다. 특히 학교생활에 어려움을 겪고 있는 구성원의 경우 더욱 필요하다.

지역사회 연계를 통한 직업체험활동을 위해 프로그램 계획에서부터 구체적인 계획이 필요하다. 인근 지역의 직장 및 기관과의 접촉, 대학교의 자원봉사 동아리 및 자원봉사센터와의 연계를 통해 보다 원활한 진로지도가 이루어 질 수 있도록 한다.

Part **02**

프로그램 매뉴얼

I. 지도자용

○ 프로그램을 시작하기 위한 사전지침

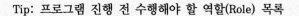

Tip: 프로그램 진행 전 수행해야 할 역할(Role) 목록

본 프로그램의 목적은 학교생활부적응 학생 및 일반 학생들이 자신의 미래에 대해 생각해 보며 구체적인 진로를 설계하고 계획해 봄으로써 학교생활 및 가정생활 적응력을 향상시키는 것이다. 이에 부적응 학생에 대해서는 개인 내적인 요인과 가정환경적 요인, 학교환경적 요인에 대한 생태체계 관점 개입이 절대적으로 필요하다.

프로그램을 실시하기 전 다음 사항에 대하여 숙지하여 병행 실시함으로써 프로그램의 효과성을 높일 수 있다.

1. 집단구성원 선발관련 지침*

첫째, 진로탐색프로그램의 필요성과 목적에 대해 담당부장, 교감, 교장의 승인을 얻는다.

둘째, 프로그램계획서를 작성하여 내부 결재를 한다(교사 및 학부모 연수, 집단상담프로그램, 가정통신문 등 포함).

셋째, 교무회의와 학교 내 메신저를 통해 프로그램을 홍보한다.

－낙인감 예방을 위해 '학교생활부적응 학생 대상'이라는 용어를 사용하지 않는다.

－구체적인 내용을 회의자료로 배포한다.

넷째, 집단상담 참가자 구성에 관한 안건으로 해당 학년 협의회 참석을 통해 담임교사 및 학년부장과의 협력체계를 구축한다.

－학교생활부적응 학생의 정의에 대해 명확히 할 필요가 있다.

(교칙위반자 중 지각 및 결석, 두발·복장 위반 등의 근태불량의 이유로 2회 이하 징계 경험이 있는 학생으로 추후 학교생활적응을 위한 예방적 개입이 필요한 대상)

다섯째, 사회복지실 게시판에 홍보지를 부착할 필요가 있다(전시용－낙인감 예방).

---

* 일반학생에게도 공개홍보를 통한 집단 구성원 선발이 필요하며 위 지침을 활용한다.

- 일반학생을 대상으로 공개 홍보가 필요하다. 그러나 집단구성원인 표적 대상자 (담임교사 추천, 발굴자)를 파악해 두고 대상자에 대한 1:1 접근을 통해 참여 동기를 촉진시키는 전략이 필요하다.
- 본 프로그램은 학교생활 부적응학생을 주 대상으로 하지만 일반학생에게도 효과적인 프로그램이므로 학교생활 부적응학생과 일반학생이 함께 참여하면 낙인감을 예방하는 효과가 있다.

여섯째, 집단구성원이 선정되면 가정통신문을 발송하고 부모와 본인의 참가동 의서(양식 제공)를 작성토록 한다.
- 부모연수에 참가할 것을 구두(전화통화)와 서면으로 동의를 받아 두도록 한다.
- 추후 부모연수일정에 대해 전화 및 통신문으로 알리도록 한다(다수가 참석할 수 있는 일정으로 조정).

일곱째, 집단구성원 선발 시 하위집단이 발생되지 않도록 구성하는 것이 좋다.
- 너무 친한 친구와 함께 집단이 구성되지 않도록 하며, 프로그램 진행 중 하위 집단 예견에 대해 잘 살펴야 한다. 부적응 양상이 하위집단 형성이라는 또 다 른 문제를 가져올 수 있으며 이 부분은 교사들이 우려하는 문제이다.

2. 교사연수 및 교사면담 실시[*]

학교생활 부적응 학생의 대다수가 교사와의 관계가 원만하지 못하다. 이에 교사 가 학생을 바라보는 관점 및 상담기법, 진로지도의 중요성에 대한 연수와 대상 자에 대해 담임교사와의 면담이 필요하다. '학생상담에 대한 이해와 중학생의 진로교육의 중요성' 혹은 '강점관점에서의 학생 생활지도와 진로교육의 중요성' 등의 제목으로 외부 강사(자문교수 혹은 관련분야 전문가)를 초청해 교사연수를 실시한다. 이를 위해 아래의 사항을 참조한다.

첫째, 본 프로그램이 시행되기 전에 실시하면 집단 구성원 선발에 도움이 된다.
둘째, 전교사가 참여할 수 있도록 한다.
셋째, 연수내용은 학교생활 부적응 학생에 대한 관점의 변화와 진로지도의 중요 성에 대한 내용으로 진행한다.

---

[*] 대상자가 일반학생이든 부적응학생이든 모두 교사들의 진로관련 연수는 필요하다. 특히 부적응 학생일 경우 교사연수는 더 효과적이다.

- 외부 전문가 초청이 여의치 않을 경우 유인물로 대신하지만 반드시 교무회의시간을 할애해 간단한 연수를 실시한다. 그러나 관련 전문가를 초청하여연수를 실시하는 것이 효과적이다.
- 학생의 문제행동(부적응 행동 유형)에 대해 담임교사와 상담을 한다. 교사가 생각하는 문제의 원인과 유형에 대해 주기적인 면담을 통해 학생의 부적응 문제를 해결하기 위한 협력을 끌어낸다.

넷째, 교사연수의 시간이 길어지면 부담감으로 인해 참여율이 저조해지고, 연수 시 교사의 집중도가 흐려지므로 연수시간은 40~50분 정도가 적당하다.

다섯째, 만족도 조사를 실시하여 교사의 욕구를 파악하고 만족도를 측정한다(부록참조).

여섯째, 집단상담 프로그램을 실시하는 동안 담임교사와의 면담을 수시로 진행하여 학생의 변화에 대한 정보를 공유한다.

3. 사례관리 병행*

첫째, 프로그램 진행 기간 동안 구성원 전체에 대한 개별상담을 2~3회 이상 실시한다.
- 부모님과의 개별상담도 2회 이상 병행 실시한다.
- 부적응 문제의 유형과 빈도에 따라 상담 횟수를 조정한다.

둘째, 대상자의 학교생활, 가정생활에서의 어려움과 문제행동에 대해 구체적인 개입방법을 모색한다.

셋째, 중학생이므로 행동수정기법이나 문제해결 중심 상담을 활용한 Checklist를 작성하게 하여 구성원이 자신의 변화에 대해 자가 체크를 하는 것도 좋은 방법 중 하나이다.

* 예: 선생님이나 엄마에게 대든다.
대들 때의 상황에 대해 화를 참을 수 있는 방법에 대해 함께 나누고, 하루에 몇 번이나 잘 참았는지 체크하도록 한다. 일주일 단위로 강화물을 제공함으로써 문제행동을 수정할 수 있도록 돕는다.

---

* 대상자가 부적응 학생인 경우 사례 관리를 병행한다.

교표   ○ ○ 중학교   마크

수신자   내부결재

(경유)

제목   진로탐색 집단상담 프로그램

1. 20**년 인성교육부 교육계획에 의거하여 진로탐색 집단상담 프로그램을 다음과 같이 진행하고자 합니다.

- 다 음 -

가. 프로그램명: 이제 하고 싶은 일이 생겼어요
나. 목 적: 학생의 진로성숙도 및 진로결정 자기효능감 향상을 통해 학교생활 적응력을 향상시키고자 함
다. 대 상: 담임교사가 추천한 *학년 학교생활 부적응학생 중 신청자 8명
라. 일 시: 1) 소집단: 20**. *. * ~ *. * 매주 수·금요일 15:30~17:00(90분)
          2) 부모연수: 20**. *. *(수) 10:00~12:00
                     20**. *. *(금) 10:00~12:00
마. 장 소: 학교복지실
바. 진 행: ○ ○ ○ 학교사회복지사
사. 예 산

항 목		산 출 내 역	소요예산
학생	폴라로이드 필름	10,000원×14통	140,000
	개인별 파일철	4,000원×8명	32,000
	회기별 문구류	1,000원×8명×12회기	96,000
	강회물	1,000원×8명×12회기	96,000
	다과비	2,000원×8명×12회기	192,000
학부모	다과비	1,500원×8명×2회기	240,000
합 계			796,000

붙임 1. 프로그램 계획서 1부
    2. 안내문(학부모용) 1부.
    3. 학부모 동의서 8부. 끝.

○ ○ 중학교장

수신자

			결재일 /	
기안	인성교육부장	교감		교장

협조자
시행   ○ ○ 중-   (20**. *. *)   접수
                                                   /공개

진로탐색 프로그램 계획서

Ⅰ. 프로그램 목적

본 프로그램은 일반학생 및 학교생활 부적응 중학생의 진로성숙 및 진로결정 자기효능감 향상을 위한 진로집단 프로그램 운영을 통해 학교생활 적응력을 향상시키는 데 그 목적이 있다.

Ⅱ. 프로그램 목표

▷ 학생 자신에 대해 이해하고 자아존중감 및 자아정체감이 향상된다.

▷ 직업적성검사를 통해 자신의 적성, 흥미, 성격, 가치관에 부합되는 직업세계에 대해 탐색하고 진로를 설계한다.

▷ 학생의 부모교육과 부모참여 집단활동 프로그램 실시를 통해 자녀의 학교생활 및 진로에 대해 올바른 인식을 가진다.

Ⅲ. 프로그램의 개요

▷ 프로그램명: 이제 하고 싶은 일이 생겼어요

▷ 대 상: 학교생활부적응 학생 8명

▷ 구 성: 학생 소집단 12회기, 대상자 학부모 교육 2회

▷ 일 시: 1) 소집단: 2010. *. ** ~ *. ** 매주 수·금요일 15:30~17:00(90분)

　　　　　 2) 부모 연수: 20**. *. * (수) 10:00~12:00

　　　　　　　　　　　　 20**. *. * (금) 10:00~12:00

▷ 장 소: 학생복지실

▷ 진 행: ○○○ 학교사회복지사

Ⅳ. 프로그램 예산

항 목		산 출 내 역	소요예산
학생	폴라로이드 필름	10,000원×14통	140,000
	개인별 파일철	4,000원×8명	32,000
	회기별 문구류	1,000원×8명×12회기	96,000
	강화물	1,000원×8명×12회기	96,000
	다과비	2,000원×8명×12회기	192,000
학부모	다과비	1,500원×8명×2회기	240,000
합 계			796,000

Ⅴ. 프로그램의 세부내용

1. 프로그램 대상자 부모교육

▷ 주 제: 우리 아이와 함께 설계하는 자녀의 미래

▷ 내 용: 청소년기에 대한 이해 및 자녀에 대한 이해

　　　　　 자녀의 적성과 흥미에 따른 진로 이해하기

2. 소집단 프로그램

회기	진로영역	프로그램	교 육 내 용	
1	준비 과정	오리엔테이션 기대되는 첫 모임	• 프로그램의 목적 설명 • 상호 소개 및 친밀감 형성하기 • 사전검사(자아존중감, 진로결정 자기효능감 진로성숙도)	
2	자기 이해 및 자기탐색 & 진로와 직업 이해	내 안의 나를 보아요 1	• 내가 아는 나에 대한 이해 • 자신의 여러 가지 모습 성찰 • 자신의 강점 발견을 통해 자아존중감 향상	
3		일의 소중함과 보람에 대한 나의 생각	• 내가 잘 할 수 있는 일, 재미있는 일, 하고 싶은 일은? • 내 삶의 가치관과 직업의 관련성에 대해 나누기 • 일의 소중함과 보람을 통해 자신의 가치 탐색	
4		내안의 나를 보아요 2	• 자신의 가치관에 대한 이해 • 자신의 가치관과 직업가치관과의 관계 • 올바른 가치관에 대한 이해 • 긍정적 자아관을 통한 자아존중감 향상	교사 · 부모 연수
5		나의 신체 & 성격 & 흥미 & 적성과 직업	• 나의 성격유형 & 흥미 & 적성 알아보기 • 나의 성격유형 & 흥미 & 적성과 맞는 관련 직업 • 신체적 조건과 관련 직업 • 나의 관심 직업과 대학학과 알아보기	

6		나의 의사를 결정하게 하는 것은?	• 나의 의사결정 유형에 대해 알아보기 • 합리적인 의사결정이란? • 나의 생활 속에서 의사결정 유형은? • 나의 의사결정을 합리적으로 하려면? • 직업과 관련된 합리적 의사결정	
7	또래와 학교 생활 속 진로	친구와의 관계 속에서 나의 진로	• 나의 의사소통 능력은?/친구와 잘 지낸다는 것 • 친구의 흥미와 적성을 알아보고 진로고민 나누기 • 친구를 지지하고 친구로부터 지지받기	
8		학교생활 속에서의 나의 진로	• 학교생활에서의 나를 발견하기 • 학교생활 속에서의 진로 찾기 • 선생님과 함께 나의 진로에 대해 나누기 • 선생님으로부터 지지받기	
9	진로와 직업 이해	직업세계에 대한 이해 & 나의 적성과 흥미, 그리고 나의 진로설계	• 직업의 개념과 의미에 대한 이해 • 다양한 직업의 세계에 대한 이해 • 관심 직업관련 대학학과에 대한 이해 • 미래의 유망 직업에 대해 알아보기 • 내가 생각하는 나의 진로 & 직업 • 진로설계 실천을 위한 나의 노력	교사 · 부모 개입
10	직업 탐색	나의 관심 대학학과 멘토와 직업인과의 만남 직장 방문/ 진로체험활동	• 관심 직업관련 대학생 멘토를 통해 대학 간접 체험 • 대학생과 함께하는 직업인과의 만남 • 직업인과의 인터뷰 • 인터뷰 내용을 통해 부모님과 함께 진로 재설계 • 관심 직업인의 직장 방문 및 직업체험활동 • 직업체험활동 보고서 작성 • 부모님과 함께하는 진로설계－부모님과 함께 작성하기	
11	진로 설계	나의 진로목표 및 진로설계 재조정/ 진로계획 세우기	• 나의 진로설계 재조정하기(부모님과 함께 작성한 내용) • 나의 생애 설계하기(진로계획 세우기) • 진로계획 및 진로신문 전시회 준비	
12	종결	마무리 및 총평가	• 전체 프로그램 참여과정 정리하기 • 진로계획 및 진로신문 전시회 개최 • 프로그램 참여 소감문 작성하기 • 사후검사(자아존중감, 진로결정, 자기효능감, 진로성숙도 검사)	
	수시	개별상담	• 대상 학생별 2~3회 이상 개별상담 실시	

[붙임 2]

학부모님께

　귀댁의 자녀는 자기이해 및 진로탐색을 위한 집단상담 프로그램 「이제 하고 싶은 일이 생겼어요」에 참여하게 되었습니다. 많은 연구에서 학교 생활에 적응하는 데 진로집단 프로그램이 도움이 되는 것으로 보고하고 있습니다. 본 프로그램은 학생들이 자기이해를 통해 자아존중감을 기르고 자신의 적성, 흥미, 성격, 가치관을 바탕으로 바람직한 미래설계를 하는 것을 목적으로 하고 있습니다.

　만약 귀댁의 자녀가 참석하겠다고 한다면 ○○○ 전문가(소속: ○○○)의 진행으로 일주일에 2번씩, 총 12회를 만날 예정입니다. 또한 프로그램 참여 학생의 학부모님께 자녀이해 및 자녀의 진로탐색에 관한 연수가 진행되오니 꼭 참석하시어 주시길 부탁드립니다.

1) 학생 진로탐색프로그램
　－2010. *. ** ～ 2010. *.**(매주 수·금요일, 15:30~17:00) 총 12회기
2) 참여학생 대상 부모 연수
　－2010. 9. **(금요일) 10:00~12:20
　－2010. 10. **(금요일) 10:00~12:20
3) 참여학생 대상 학부모 개별상담 2회 이상
　－학부모 개별일정 조정 후 개별상담 실시
　－내용: 자녀진로에 대한 개별 상담
　(본 프로그램의 필요물품 및 강의는 전액 무료로 진행됩니다)

　귀 자녀에 대한 정보와 활동내용은 프로그램에 관련하는 학교담당자, 감독자에게 익명으로 공개될 것입니다.
　집단활동으로 인해 학교생활에 방해가 되지 않도록 주의하겠습니다.
문의사항이 있으시면 부담 갖지 마시고 언제라도 학교사회복지실로 연락 바랍니다. 감사합니다.

○○중학교 학교사회복지사 ○○○

(☎ ***-***-****)

집단 상담 프로그램 동의서

<u>1학년</u>   반   이름: <u>   </u>

1. 본 프로그램은 OO중학교의 학생들에게 학교생활 적응을 돕고 바람직한 진로탐색을 돕기 위한 것임을 알고 있습니다.

2. 본인은 본 프로그램의 중요성을 충분히 이해하였고, 자녀에 대한 정보와 활동내용이 프로그램에 관련하는 학교담당자 및 감독자에게 익명으로 공개되는 것을 알고 있습니다.

3. 따라서 진로탐색 집단상담 프로그램 「이제 하고 싶은 일이 생겼어요」가 원활하게 진행될 수 있도록 적극적으로 참여하겠습니다.

20**년   월   일

학부모   ㊞

학생   ㊞

○ ○ 중학교

교표   마크

수신자   내부결재

(경유)

제목   20**학년도 1학기 교직원연수 실시

1. 20**년 인성교육부 교육계획에 의거하여 진로 및 학생 이해에 대한 교직원 연수를 다음과 같이 진행하고자 합니다.

- 다 음 -

가. 목 적: 학생 및 진로에 대한 이해를 높이고 학생들의 진로지도를 원활하게 하는 것을 목적으로 함
나. 일 시: 20**년 *월 *일(금) 15:00~16:30
다. 장 소: 본교 2층 도서관
라. 주 제: 학생 및 진로에 대한 이해
마. 강 사: ○ ○ ○ 교수(○ ○ 대학교 사회복지학과)
바. 예 산

항 목	산출내역	예상금액	비고
강사료	100,000원×1시간	100,000원	주민번호: 계좌번호:
다 과	1,500원×40명	60,000원	
합 계		160,000원	

○ ○ 중학교장

수신자

결재일   /

기안   인성교육부장   교감   교감
협조자
시행   ○ ○ 중-   (20**. *. *)   접수
                                                                          /공개

"Me First, 녹색은 생활이다"

1회기: 오리엔테이션 -기대되는 첫 모임-

구 성	1회기	시간	90분	내용	준비과정
목 표					
주요 내용					
준비 사항					

구 성	1회기	시간	90분	내용	준비과정
목 표	1. 진행자 소개 및 개략적인 진로상담 프로그램의 소개로 프로그램에 대한 이해를 돕고 집단원들에게 프로그램 내용에 대한 기대와 참여 동기를 높인다. 2. 집단원끼리 서로 알아보는 자기소개의 시간을 통해 집단의 응집력을 높인다.
주요 내용	1. 진행자 소개 및 전체 프로그램을 소개한다. 2. 친밀감 게임을 진행한다(당신은 당신의 이웃을 사랑합니까?). 3. 자아존중감, 진로성숙도, 진로결정 자기효능감 사전검사를 실시한다.
준비 사항	명찰, 활동지, 필기구, 사전검사지, 폴라로이드, 진로노트

활동 내용	**도입**	1. 진행자 소개 및 전체 프로그램 소개(5분) 1) 진행자 자신을 먼저 소개한다. 2) 프로그램의 회기별(1~12회기) 내용과 목표에 대한 설명을 해준다.
	전개	2. 대상자의 자기소개 및 프로그램명 정하기(20분) 1) 일일활동지(학생자료 1-5)를 작성한다. 2) 자기소개 활동지를 작성하고, 자기 별칭을 지어 명찰을 꾸민다. 3) 돌아가며 자신을 소개한다. 4) 구성원들이 프로그램명을 정한다. 3. 당신은 당신의 이웃을 사랑합니까?(20분) 1) 돌아가며 자신을 소개해 보고 서로를 알아가는 시간을 갖는다. 2) 진행자가 먼저 '나는 꿈이 있는 사람을 사랑합니다'라고 외침과 동시에 꿈이 있는 사람은 이동을 하고, 해당사항이 없는 사람은 자기 자리를 지킨다. 3) 게임을 통해 자연스럽게 상호 소개를 하고, 친밀감을 갖는다. 4. 우리들의 약속(10분) 1) 프로그램이 12회기 동안 진행될 때 우리들이 지켜야 할 약속을 전지에 공동작업을 하여 작성하고, 구성원 개별 약속지도 작성한다. 5. 사전검사(25분) 1) 사전검사의 내용과 검사의 필요성에 대해 설명한다. 2) 사전검사(자아존중감, 진로성숙도, 진로결정 자기효능감)를 실시한다. * 분량이 많으므로 점심시간을 활용하여 나누어서 일부분을 먼저 실시한다.
	마무리	6. 마무리(10분) 1) 진로노트의 활용 및 작성에 대해 설명한다. 2) 진로노트에 자신의 이름을 쓰고 꾸민다. 3) 일일활동지를 작성한다. 4) 프로그램을 정리하고 다음 회기에 대해 간략히 설명한다. *2회기에 필요한 연혁별 사진을 준비해 오게 한다.*

1회기 세부지도안

☑ 준비물: 명찰, 활동지, 필기구, 사전검사지, 폴라로이드, 진로노트

☑ 진행자 소개 및 인사

> 여러분, 안녕하세요.
> 여러분과 진로탐색 프로그램을 함께 할 ○○○ 학교사회복지사예요.
> 만나서 반갑습니다. 진로설계는 성적에 맞추어 대학에 진학하면 저절로 이루어지는 것이 아니라 자신의 적성과 흥미 등 여러 가지 조건을 바탕으로 차근차근 고민했을 때에 후회 없는 진로선택으로 이어지는 것 같습니다. 바람직한 진로선택은 앞으로 여러분의 행복한 50년을 책임질 중요한 요소입니다. 12회기 동안 진행되는 이 프로그램을 통해 여러분들이 자신의 꿈과 미래에 대한 탐색을 해 보는 시간을 가졌으면 좋겠습니다.

[진행자를 위한 Tip]

구성원들의 참여를 독려하기 위해 매 프로그램 진행시 열심히 참여한 자에게 선물이 주어지고, 프로그램 종료시 참여를 잘한 학생과 결석이 없는 학생에게 상품이 주어지며 교장선생님께 수료증을 받는 것에 대해 공지한다.

☑ 자기소개하기

① 활동지(학생자료 1-4)의 표정을 참고하여 감정기입 활동지의 표정을 각자 그릴 수 있도록 하고, 빠짐없이 내용을 작성한다.

[진행자를 위한 Tip]

- 감정기입 활동지를 통해 집단구성원이 집단에 참여하기 전 있었던 상황 및 친구관계 학교생활에 대한 정보를 수집할 수 있다.
- 활동 전후에 평가를 통해 프로그램에 대한 만족도를 알 수 있는 효과가 있다.

ㅡ프로그램 불만족하는 경우 그 이유를 유추해 볼 수 있다.

② 자기소개 활동지(학생자료 1-2)를 작성하고, 자기 별칭을 지어 명찰을 꾸민다.

> 여러분, 별칭은 프로그램이 진행되는 동안 여러분이 불리고 싶은 이름이에요.
> 장난으로 정하는 것 보다는 조금은 진지해져서 내가 12회기 동안 어떤 이름으로 친구들
> 에게 불리면 좋을지 생각해 보고 작성해 주세요.

③ 돌아가면서 자신을 소개한다.

☑ 친밀감 게임 (당신은 당신의 이웃을 사랑합니까?)

> 자, 우리 이제 소개를 통해 서로 이름은 알게 되었잖아요.
> 그래서 게임을 통해 우리 더 친밀감을 높이는 시간을 가져볼게요.
> 그러면 선생님이 어떤 게임인지 설명해 줄게요. 먼저, 둥글게 의자에 앉고 의자는 사람
> 수보다 하나 적게 준비하여 술래를 뽑습니다. 그 술래가 '나는 안경 낀 친구를 사랑합니
> 다'라고 외치면 안경 낀 친구들이 일어나서 빈 의자로 이동을 합니다. 안경을 낀 친구 중
> 본인 의자에 그대로 앉게 되거나 가만히 있었던 친구 혹은 의자에 앉지 못한 친구는 술
> 래가 됩니다. 술래가 받는 벌칙은 이전 술래가 정해 놓은 동작을 하면서 본인 이름을 넣
> 어 '○○○ 만세'라고 3번 크게 외칩니다.
> 자, 이제부터 시작해 볼까요?
> '나는 꿈이 있는 친구를 사랑합니다!'

☑ 우리들의 약속

[진행자를 위한 Tip]

－학생들이 12회기 동안 지킬 수 있는 약속들에 대해 의논하여 공통약속을 정한다.

－구성원들이 자신의 의견을 발표할 때 적극적인 지지와 칭찬을 해준다.

－'나는 약속합니다'. 활동지를 매 프로그램 시행 시 공개하여 게시한다. 스스로 자신
  의 약속을 지킬 수 있도록 독려해 주기 위함이다.

☑ 사전검사

• 사전검사 척도 활용

1. 진로결정자기효능감: 이은경(2000), "자기효능감이 진로발달에 미치는 영향", 이화여
   자대학교 교육대학원 박사논문.

2. 진로성숙도: 임언・정윤경(2001), "중－고등학생을 위한 진로성숙도 검사 실시요강",
   서울: 한국직업능력개발원.

3. 자아개념: 김상곤(2006), "학교사회복지실천에서 활용 가능한 다체계 사정도구 개발",
   숭실대학교 박사학위논문.

[진행자를 위한 Tip]

사전검사가 길어지지 않도록 집단 시작하기 전(방과 후)에 절반 정도를 미리 해두면 좋다.

☑ 마무리

① 진로노트의 활용 및 작성에 대해 설명한다.

[진행자를 위한 Tip]

구성원의 진로노트는 회기별 활동지를 넣어서 보관할 수 있도록 파일을 준비한다.

② 일일활동지(학생자료 1-5) 나머지 부분을 작성한다.

③ 폴라로이드 카메라를 이용하여 사진을 찍어, 일일활동지에 붙인다(단, 폴라로이드 사진기가 없을 경우 디지털 카메라로 사진을 찍고 다음 회기에 출력된 사진을 붙인다).

④ 프로그램을 정리하고 다음 회기에 대해 간략히 설명한다.

오늘 첫 시간이라 어색하기도 하고 힘들었을텐데 수고 많았어요.

다음 시간에는 나의 연혁기를 작성해 보는 시간을 가질 것입니다.

그래서 사진 3장이 필요해요.

유치원, 초등학교, 현재의 나까지 총 3장을 준비해 주세요.

[진행자용 참고자료]

알아두면 좋을 레크리에이션 모음

출처: 현대레저연구회저, 『정통 실내 레크리에이션』, 태을출판사.

2회기: 내 안의 나를 보아요 1

구 성		2회기	시간	90분	내용	자기이해
목 표		1. 내가 아는 나에 대한 이해의 시간을 갖는다. 2. 자신의 여러 가지 모습을 성찰할 수 있는 기회를 갖는다. 3. 자신의 강점을 발견하고 자아존중감을 향상시킬 수 있도록 돕는다.				
주요 내용		1. 유치원, 초등학교, 중학교 시절까지 현재 자신의 연혁기를 만든다. 2. 자신의 연혁기를 통해 자신의 강점을 탐색하게 하고 지지한다. 3. 가장 자신을 잘 이해하고 강점을 발견한 구성원에게 최고의 '강점人'을 수여한다. 4. 자신의 강점이 잘 활용될 수 있도록 동기를 부여한다.				
준비 사항		명찰, 활동지, 필기구, 사진, 사인펜, 폴라로이드, 진로노트, 풀				
활동 내용	도입	1. 오늘의 프로그램 내용 소개(10분) 1) 자신의 현재 감정을 일일활동지에 작성한다. 2) 오늘 진행될 프로그램에 대해 소개한다.				
	전개	2. 초등학교 중학교 현재 내 모습의 연혁 만들기(20분) 1) 연혁기를 통해 자신의 강점을 어떻게 발견해 내는지 예시를 들어 설명한다. 2) 연혁기가 그려진 활동지에 자신이 태어난 시간부터 자신의 연혁을 작성한다. 작성시 부모님이나 선생님들과의 좋았던 기억을 떠올린다. 3) 유년기 시절부터의 자신을 돌아보면서 자기 자신이 어떤 부분에 가장 큰 강점을 가지고 있으며, 추후 어떻게 강점을 활용할 것인지를 생각하면서 작성해 간다. 3. 자신의 연혁기 발표(30분) 1) 자신의 강점을 중심으로 연혁기를 발표한다. 2) 강점을 발견하지 못한 구성원을 도와주고, 자신이 모르는 강점을 알고 있는 친구가 강점을 보충해 줄 수 있도록 한다. 3) 구성원들의 강점을 활용할 수 있도록 지지한다. 4) 자신의 강점을 진로노트에 쓰고 꾸민다. 4. '강점人' 선발(10분) 1) 프로그램의 참여도와 흥미를 높이기 위해 가장 많은 자신의 강점을 발견한 구성원에게 최고 '강점人'을 시상한다.				
	마무리	5. 소감문 작성 및 마무리(20분) 1) 자신의 강점을 쓴 노트를 들고 자신의 얼굴이 함께 나오도록 폴라로이드 사진기로 사진을 찍는다. 2) 진로노트에 그 사진을 붙이고 소감문을 작성하면서 진로노트를 만들어 간다. 3) 일일 활동지를 작성한다. 4) 다음 프로그램에 대해 설명하고 마무리한다.				

2회기 세부지도안

☑ 준비물: 명찰, 활동지, 필기구, 사진, 사인펜, 폴라로이드, 진로노트, 풀

☑ 일일활동지 작성

활동지(학생자료 1-4)의 표정을 참고하여 감정기입 활동지의 표정을 각자 그릴 수 있도록 하고, 빠짐없이 내용을 작성한다.

☑ 이번 회기 활동 소개

> 여러분, 다들 사진 가지고 왔지요?
> 지난 시간에 예고한 바와 같이 가지고 온 사진을 활용하여 자신의 연혁기를 만들어 볼 거예요. 연혁기 작성을 통해 자신에 대해 이해하고 자신의 여러 가지 모습들을 들여다 보는 시간을 가질 거예요.
> 자신의 좋은 점에 대해서 떠올려 보세요.

[진행자를 위한 Tip]

1회기에 공지했던 어린 시절의 사진을 가져오지 못한 구성원을 위해 참여자의 성비를 고려하여 다양한 연령의 인물사진을 인터넷 검색 등으로 미리 준비하도록 한다.

☑ 자신의 연혁기 만들기

① 연혁기를 통해 자신의 강점을 어떻게 발견해 내는지 예시(학생자료 2-1)를 들어 설명한다.

② 연혁기가 그려진 활동지에 자신이 태어난 시간부터 자신의 연혁을 작성한다. 작성 시 부모님이나 선생님들과의 좋았던 기억을 떠올린다.

③ 유년기 시절부터의 자신을 돌아보면서 자기 자신이 어떤 부분에 가장 큰 강점을 가

지고 있으며, 추후 어떻게 강점을 활용할 것인지를 생각하면서 작성해 간다.

[진행자를 위한 Tip]

－강점이 무엇인지에 대해 설명해 주고, 구성원들이 자신의 강점을 모를 때는 오히려 약점을 강점화시키는 방법도 가능하다. 구성원들이 쑥스러워하지 않도록 진행자가 자신의 강점에 대해 설명을 해주거나 구성원들에게서 파악되는 강점을 먼저 이야기 해 주면 좋다. 강점을 가장 많이 말한 구성원에게 '강점人'상을 수여함을 설명해 주고 참여를 독려한다.

－지도자: ○○는 항상 웃는 얼굴이어서 사람들에게 인기가 많겠다.

　학　생: 저는 잘하는 게 없어요. 좋은 점도 없는 것 같아요.

　지도자: 그래, 그렇구나. 그러면 네가 생각하는 단점에 대해 말해 보겠니?

　학　생: 저는 말을 잘하지 못해요.

　지도자: 그렇구나. 말을 잘하지 못한다는 것은 말을 하기 전에 생각을 신중하게 한다는 것 같은데…… 어떻게 생각하니? 말을 하기 전에 여러 가지 생각이 많은 건 아닐까?

－현재 학교생활, 가정생활 속에서의 강점을 발견할 수 있도록 유도하고 이에 대해 집 중적으로 지지해 준다.

☑ **자신의 연혁기 발표**

① 자신의 강점을 중심으로 연혁기를 발표한다.

② 강점을 발견하지 못한 구성원을 도와주고, 자신이 모르는 강점을 알고 있는 친구가 강점을 보충해 줄 수 있도록 한다.

③ 구성원들의 강점을 활용할 수 있도록 지지한다.

④ 본인이 작성한 연혁기와 친구들이 찾아준 내용을 바탕으로 나의 강점 리스트(학생 자료 2－2)를 작성한다.

☑ 강점人 선발

프로그램의 참여도와 흥미를 높이기 위해 가장 많은 자신의 강점을 발견한 구성원에게 최고 '강점人'을 시상한다.

☑ 마무리

① 일일 활동지(학생자료 2-3) 나머지 부분을 작성한다.

② 참여자의 사진을 찍어, 감정기입 활동지에 붙인다. 매회기 모여지는 사진으로 자신의 변화를 볼 수 있도록 다양한 표정과 장소에서 촬영한다.

③ 프로그램을 정리하고 다음 회기에 대해 간략히 설명한다.

다음 시간에는 일의 소중함과 보람을 이야기하는 시간을 가질 거예요. 다음 시간에는 동영상 시청이 있으므로 ○○○에서 모여 주세요. 다음 시간에는 직업에 대한 재미있는 게임도 진행될 예정입니다. 기대 많이 해주시고 다음 시간에 만나요.

[진행자를 위한 Tip]

－부모님 연수와 담임교사와 함께 진행될 프로그램의 필요성을 인지시켜 주는 계기를 마련해 준다.

－구성원 개별상담, 부모상담, 담임교사 면담을 병행 실시한다.

3회기: 일의 소중함과 보람에 대한 나의 생각

구 성	3회기	시간	90분	내용	진로와 직업에 대한 이해
목 표					

구 성	3회기	시간	90분	내용	진로와 직업에 대한 이해
목 표	1. 일의 소중함과 보람에 대해 이해한다. 2. 일에 대한 긍정적인 태도를 갖는다. 3. 일의 소중함과 보람에 대한 인식을 통해 자신의 직업에 대한 생각을 탐색한다. 4. 변화하는 직업 및 미래 유망 직업에 대해 알아본다.				
주요 내용	1. 중·고등학생들이 만든 UCC를 통해 자신의 진로에 대한 느낌을 나눈다. 2. UCC를 통해 일들의 소중함과 보람에 대해 이해한다. 3. 일의 소중함과 보람이 자신의 삶과 직업, 학교생활과 가정생활에 미치는 영향에 대해 탐색한다. 4. 빙고게임을 통해 다양한 직업을 알아본다.				
준비 사항	명찰, 활동지, 평가지, 필기구, 폴라로이드, 진로노트				
활동 내용	**도입**	1. 오늘의 프로그램 소개(10분) 1) 일의 소중함에 대해 나눈다. 2) 일을 통해 얻을 수 있는 것들에 대해 나눈다.			
	전개	2. 사라진 직업 및 유망직업 알아보기(30분) 1) 직업의 변천사에 대해 알아본다. 2) 자신이 생각하는 사라진 직업과 유망직업에 대해 함께 탐색해 본다. 3) 탐색 후 빙고게임을 통해 한 번 더 다양한 직업에 대해 알아보는 시간을 갖는다. 3. 다른 중·고등학생들이 만든 UCC를 보고 일에 대한 생각 나누기(30분) 1) UCC를 통해 다른 중·고등학생들이 직업에 대해 어떤 생각을 하는지 이해한다. 2) 그 일들의 소중함과 보람에 대해 함께 나눈다. 3) 학교와 가정생활에서 일의 소중함의 연관성에 대해 나눈다. 4) 다른 UCC를 감상할 수 있도록 안내문을 나눠준다. 4. 일의 소중함과 보람에 대해 생각해 보기(10분) 1) 일의 소중함과 보람에 대해 정리해 본다. 2) 오늘 활동했던 내용을 토대로 일의 소중함과 보람, 학교생활의 중요성을 작성해 보게 한다. −진행되고 있는 학부모 연수와 담임선생님 프로그램 참여에 대해 인식시키고 거부반응을 감소시킨다.			
	마무리	5. 발표 및 소감문작성, 마무리(10분) 1) 활동내용을 진로노트에 붙이고 소감문을 작성한다. 2) 자신의 일일활동지를 작성한다. 3) 다음회기 내용에 대해 설명하고 마무리한다.			

3회기 세부지도안

☑ 준비물: 명찰, 활동지, 평가지, 필기구, 폴라로이드, 진로노트

☑ 일일활동지 작성

활동지(학생자료 1-4)의 표정을 참고하여 감정기입 활동지의 표정을 각자 그릴 수 있도록 하고, 빠짐없이 내용을 작성한다.

☑ 이번 회기 활동 소개

'직업은 소중하다'고 하는데 일이 왜 소중하다고 생각하나요? (학생들 의견듣기)
일을 통해 얻을 수 있는 것들은 무엇이 있을까요? (학생들 의견듣기)
네, 맞습니다. 여러분이 이야기해 준 것들을 포함하여 '자신의 방을 청소하고 나면 깨끗해져서 기분이 좋아진다. 일을 하고 나면 돈이 생긴다. 내가 하고 싶은 일을 하면 뿌듯함을 느낀다, 내가 일을 하면 다른 사람들이 나를 좋게 생각한다'와 같이 보람, 보수, 자부심, 인정 등 일을 통해 얻을 수 있는 것들이 많이 있는데요. 오늘은 여러분이 이야기했던 것 외에도 일의 소중함과 보람에는 무엇이 있는지 자세히 게임과 동영상 시청을 통해 알아보도록 하겠습니다.

☑ 사라진 직업과 유망직업

지금부터 빙고게임을 진행하기 전에 직업의 변천사 사전이라는(학생자료 3-1) 자료를 봐주세요.
직업의 변천사 사전에는 사라진 직업과 현재 및 미래 유망 직업이 나와 있습니다.
(학생들에게 한 번씩 훑어볼 수 있게 한 후) 여러분들에게 신기하게 느껴진 직업 혹은 관심이 가는 직업은 무엇이 있나요? (학생 의견듣기)

자, 이제부터 직업의 변천사 사전을 활용하여 빙고게임을 진행하려고 합니다.
먼저, 현재 및 미래 유망 직업만으로 자신의 빙고게임지를 채워 넣어 주세요.
시간은 5분입니다.

① 오늘 가장 먼저 프로그램에 도착한 학생에게 빙고게임의 우선권을 제공한다.
② 4줄 이상을 완성하여 먼저 빙고를 외치는 사람이 승자가 된다.

[진행자를 위한 Tip]
- 먼저 완성한 사람에게 상품을 준다. 시간이 많이 걸릴 수 있으므로 두 명씩 팀을 짜
  서 게임을 해도 좋다.
- 현재 및 미래 유망직업으로 먼저 게임을 한 후 시간의 여유가 있다면 사라진 직업으
  로 다시 게임을 할 수 있다.
- 시간이 가능하다면 배부한 직업사전에 나와 있는 직업 외에 학생들이 알고 있는 특
  이한 직업에 대해 이야기를 나눈다.

게임을 통해 여러분이 평소 알고 있던 것보다 직업의 종류가 굉장히 다양하고 없어진 직
업 또한 많다는 것을 알게 되었을 것입니다. 없어진 직업들의 특징에는 무엇이 있을까요?
(학생 의견듣기)
그렇습니다. 시대의 변화에 따라 사람들이 직접 하지 않아도 되는 일도 많아졌고 그러한
과정이 필요 없어진 일도 많습니다. 그러므로 지금 현재의 상황만을 고려하여, 현재 유망
하다는 이유만으로 미래의 직업을 결정하는 것은 매우 위험한 생각입니다. 즉, 미래의 가
능성과 자신이 그 일을 해야 하는 이유, 그 일이 여러분에게 줄 수 있는 것들을 고려하여
신중히 결정해야 함을 기억해야 할 것입니다.

☑ UCC로 알아보는 일의 소중함과 보람

[진행자를 위한 Tip]

커리어넷 영상이 다운로드되지 않으므로 인터넷 연결 및 시청각이 가능한 장소를 미리 섭외한다.

① 중·고등학생들이 직접 만든 UCC 동영상을 보여준다(http://www.careernet.com).

② 동영상을 보고 느낀 점에 대해 나누도록 한다. 자신의 진로를 위해 준비하고 있는 또래와 선배들의 노력에 대해 서로의 의견을 나누도록 한다.

③ 동영상 자료 출처를 유인물로 알려주고 활용하도록 한다.

☑ 일의 소중함과 보람에 대한 토론

① 일의 소중함과 보람 및 가정·학교생활의 중요성을 활동지에 작성해 본다.

> 내가 일을 하기 위해서 가족과 학교에서 어떠한 역할을 해야 하는지 생각해 보는 시간을 가져보도록 할게요. 우리가 지금까지 알아본 일에 대한 소중함과 보람에 대해서도 각자의 생각들을 나눠준 활동지(학생자료 3−3)에 작성해 주세요.

② 작성한 내용을 발표해 보며 진로를 결정하는 데 있어서 가정 및 학교생활의 중요성을 인식시켜 부모와 교사의 프로그램 참여에 대해 부정적 인식을 감소시킨다.

> 사람은 누구나 의식주를 해결하기 위해 직업을 갖습니다. 성실한 직업 생활을 통해 정당한 보수를 받음으로써 생계를 유지할 뿐만 아니라 경제적으로도 안정을 이루며 원만한 사회생활과 풍요로운 여가생활을 가능하게 해 줍니다. 하지만 자신이 하고 싶지 않거나, 자신에게 맞지 않는 일을 직업으로 갖게 되어 억지로 돈을 벌기 위해 그 일을 하게 된다면 그것은 참으로 불행한 일이겠지요?

사람들은 단순히 경제적 안정만을 위해 일을 하는 것은 아닙니다. 자신이 하고 싶은 일, 잘하는 일을 찾아서 그 일을 직업으로 선택할 때 일에 대한 보람과 성취감을 느끼게 되며 자신의 삶에 보다 만족을 느끼게 되며 행복한 삶을 살 수 있게 됩니다. 그렇기 때문에 내가 무엇을 잘하는지, 무엇을 하면 즐겁고 행복한지, 또 보람을 느끼게 되는지를 학교생활에서 또 가정생활에서, TV나 인터넷을 통해서 찾아내는 것이 매우 중요합니다. 이번 시간에는 동영상을 보면서 다른 중학생 친구들과 선배들이 직업에 대해 어떤 생각을 하고 있고 준비하고 있는지를 알아보도록 하고, 직업 중 사라진 직업과 앞으로 유망한 직업에 대해 알아보도록 합시다.

☑ 마무리
① 일일 활동지(학생자료 3-4) 나머지 부분을 작성한다.
② 사진을 찍어, 감정기입 활동지에 붙인다.
③ 프로그램을 정리하고 다음 회기에 대해 간략히 설명한다.

[진행자를 위한 Tip]
- 왜 사진을 매번 찍느냐는 질문이 나올 수 있다. 우리가 프로그램을 진행하는 동안 우리의 얼굴표정의 변화를 보기 위한 것과 기념으로 남겨두기 위함이라 설명해 준다. 프로그램 종결 후 진로노트는 자기가 가져갈 것이라는 것도 덧붙인다.
- 구성원의 개별상담과 부모상담 및 담임교사 면담을 병행 실시한다.

4회기: 내 안의 나를 보아요 2

구 성		4회기	시간	90분	내용	자기 이해
목 표		1. 가치관 경매게임을 통해 자신의 가치관을 탐색해 본다. 2. 자신의 가치관 속에서 긍정적인 자아를 발견하고, 긍정적인 자아관을 가질 수 있도록 강점을 부여한다. 3. 자신의 가치관과 관련된 직업탐색을 통해 자신의 직업관을 살펴본다.				
주요 내용		1. 가치관 경매게임 프로그램의 내용을 소개하고, 게임(up & down)을 실시한다. 2. 자신의 가치관과 연관하여 강점을 부여하고 지지한다. 3. 자신이 추구하는 가치관과 관련한 직업을 탐색해 본다.				
준비 사항		명찰, 활동지, 가치관 초콜릿, 필기구, 폴라로이드, 진로노트				
활동 내용	도입	1. 오늘의 프로그램 내용 소개(10분) －자신의 현재 감정을 일일활동지에 작성한다. －오늘 진행될 프로그램의 내용을 소개한다.				
	전개	2. 가치관 경매(직업 관련 내용) 게임 프로그램 소개(20분) 1) 가치관에 대해 설명하고 자신의 가치관에 대해 생각해 보게 한다. 2) 경매 규칙을 알려주고 게임을 시작할 준비를 한다. 3) Openning 게임을 한다(직업관련 가치관 13가지를 설명하며 게임 'up & down' 진행). 3. 가치관 경매 게임하기－**직업과 관련한 홀랜드 직업가치관**(40분) 1) 직업관련 가치관 13가지와 홀랜드 유형(RIASEC) 참고자료를 연결시켜 유형분류에 대해 설명한다. 2) 내가 생각하고 가지고 싶은 자신의 직업가치관에 대해 순위와 예산금을 정하게 한다. 3) 실제 경매 게임을 통해 구입한 금액을 적는다. 4) 돈을 가장 많이 주고 사려고 한 순위와 실제 게임을 통해 돈을 가장 많이 주고 산 순위에서 내가 선호하는 직업의 가치에 대해 기술해 보고 서로 돌아가며 자신의 경매 내용을 발표해 보게 한다. 4. 활동내용에 대한 나눔의 시간(10분) 1) 활동의 의미를 되새겨본다. 2) 자신의 진로를 결정할 때, 나의 가치관이 얼마나 중요한지 확인해 본다. 3) 게임을 통해 드러나는 집단원의 성격에 대해 강점을 부여하고 지지한다(예: 자신이 사고 싶은 가치관을 사지 못하고 우물쭈물하거나 모두에게 인기 있는 가치관을 무조건 사 버린 후 후회하는 행동 등).				
	마무리	5. 소감문 작성 및 마무리(10분) 1) 가치관 경매 물품관련 내용을 진로노트에 붙이고 소감문을 작성한다. 2) 자신의 일일활동지를 작성한다. 3) 다음 회기 내용에 대해 설명하고 마무리한다. 4) 과제에 대한 설명 후 과제를 꼭 수행해올 수 있도록 지도한다.				

4회기 세부지도안

☑ **준비물:** 명찰, 활동지, 가치관 초콜릿, 필기구, 폴라로이드, 진로노트

☑ **일일활동지 작성**

활동지(학생자료1-4)의 표정을 참고하여 감정기입 활동지의 표정을 각자 그릴 수 있도록 하고, 빠짐없이 내용을 작성한다.

☑ **이번 회기 활동 소개**

> 지난 시간 우리는 과거의 직업과 현재, 그리고 미래의 직업에 대한 빙고게임도 해 보고 동영상을 보며 일의 보람과 소중함에 대해 생각해 보는 시간을 가졌는데요. 오늘은 일의 여러 가지 속성 중 어떠한 부분에 본인이 가장 가치를 두고 있는지 알아보는 활동을 할 예정입니다.
>
> 가치관이란 자신이 생활에서 지배하거나 혹은 영향을 미치게 되는 것으로 어떤 사물·현상·행위 등이 자신에게 의미 있고 바람직한 것임을 나타내는 개념입니다.
>
> * 예: 내가 생각하는 직업이란 돈을 많이 벌면 되는 것이다, 내가 생각하는 직업은 내가 정말 하고 싶어서 하는 것이어야 한다 등.

☑ **직업 행복의 조건 UP & DOWN 게임**

① 직업행복의 조건에 대해 설명한다.

> 여러분이 직업을 정할 때 가장 중요시해서 고르는 기준은 무엇이 있나요? (학생 대답듣기) 맞습니다. 여러분이 이야기해 준 것처럼 월급, 흥미, 내가 잘하는 것 등 중요하게 생각해야 할 조건들이 많이 있어요. 하지만 그 기준은 누구에게나 동일한가요? 누군가는 돈을 많이 벌 수 있다면 하루에 10시간도 일할 수 있다고 할 것이고 누군가는 돈을 적게

받더라도 재미가 없는 일은 하고 싶지 않다고 생각하는 사람도 있을 것입니다. 행복한 직업을 고르기 위한 직업행복의 조건은요, 14가지 정도를 이야기해 볼 수 있는데요. 설명을 잘 듣고 제시되는 직업이 각 조건의 UP에 해당되는지 DOWN에 해당되는지 맞혀 보는 게임을 진행해 보도록 하겠습니다.

② 활동지(학생자료 4-5)를 학생들과 함께 보며 각 조건에 대해서 설명한다.
③ 활동지(학생자료 4-5)를 채워보며 학생들의 생각을 간단히 들어 본다.

여기에 나오는 14가지 조건을 모두 만족하는 직업이 있을 수 있을까요? 네, 여러분이 생각한 것처럼 이 조건을 모두 만족하는 직업이란 있을 수 없습니다. 또 같은 직업에 따라 개인의 능력에 따라 조건을 만족시키기도 하고 만족시키지 못하기도 하기 때문에 성실한 노력은 항상 뒷받침되어야 하고요. 이번 기회를 통해 여러분은 자신이 가장 중요시하는 조건은 무엇이고 희생할 수 있는 조건은 무엇인지 생각해 보고 다음에 자신이 하고 싶은 직업을 고를 때에 꼭 참고가 되었으면 좋겠습니다.

[진행자를 위한 Tip]
- http://child.samsungfoundation.org → 청소년 교육 → 전문가를 위해 배너를 참조하여 직업과 관련된 14가지 가치관에 대해 설명해 준다.
- 답의 맞고 틀림에 치중하기 보다는 학생들의 이유를 들어보고 다른 생각을 가진 학생이 다르게 생각한 이유에 대해 서로 이야기하는 시간을 갖는 것에 목적을 둔다.

☑ 가치관 경매 게임하기
① 활동지(학생자료 4-2)를 보며 자신의 가치관을 관심 있는 직업과 연관시켜 생각해 볼 수 있도록 홀랜드 유형에서 직업의 종류를 보고 자신의 관심직업을 찾아 동그라미 해두게 하여 가치관 경매 시 이를 참조로 필요한 가치관을 살 수 있도록 독려한다.

② 학생들에게 활동지(학생자료 4-3)에 사고 싶은 순위 등 빈칸을 채우도록 한다.
③ 가치관 경매를 진행한다.

가치관 경매 시 주의사항 및 규칙을 알려 줄게요.
혹시 경매가 어떤 건지 아나요? (학생 대답) 네, 맞아요. 물건을 사려는 사람이 여럿일 때 값을 가장 높이 부르는 사람에게 파는 일을 경매라고 하는데요, 우리는 물건이 아닌 우리 꿈에 꼭 필요한 가치를 어떤 친구에게 가장 필요한지 경매를 통해 알아보는 시간을 가질 거예요. 먼저 경매시작 전 어떤 가치관을 사고 싶은지 우선순위를 활동지에 작성해 보고 경매를 시작할게요. 작성 후 우리는 본인이 '내 꿈에는 정말 이 가치가 필요해요'라고 생각하는 항목들을 선정해서 100만 원의 가상머니를 이용하여 경매에 참여하면 되는데, 이 100만 원을 남기면 이득이 될까? (학생 대답) 그렇죠. 이 돈은 가상의 머니이기 때문에 이득이 되지 않죠. 그렇기 때문에 이 돈을 모두 사용을 해야겠죠. 가상머니를 사용할 때, 꼭 필요로 하는 가치를 구입해야 합니다.
그럼 우리 시작해 볼까요?

④ 게임 진행 후 돈을 가장 많이 주고 사려고 한 순위와 실제 게임을 통해 돈을 가장 많이 주고 산 순위를 비교해 보며 내가 선호하는 직업에 대한 가치에 대해 기술해 본다. 그 후 서로 돌아가며 자신의 경매 내용을 발표해 보게 한다.

[진행자를 위한 Tip]
- 가치관 경매 시 자신이 가지고 있는 금액을 모두 다 사용할 수 있도록 유도하며, 게임에 대해 흥미를 가질 수 있도록 가치관 내용이 적힌 강화물(예: 초콜릿 등)을 준비하여 경매에 성공한 학생에게 강화물을 직접 가져갈 수 있도록 한다.
- 경매 시작 전 우선순위 가치의 내용을 토대로 여러 학생들이 함께 갖고자 하는 가치관을 경매 진행 시 처음 중간 마지막으로 잘 분배하여 가치관을 설명하고 경매게임을 진행한다.
- 발표 시 구성원이 가지고 있는 가치관의 강점을 발견하게 하고, 긍정적 가치관을 갖

도록 지지하며 강점을 부여해 준다. 원하는 가치관을 사지 못하는 학생에게 부정적인 감정을 갖지 않도록 살펴보는 것이 필요하다.

☑ 활동내용에 대한 나눔의 시간
① 활동의 의미를 되새겨 본다.
② 자신의 진로를 결정할 때, 나의 가치관이 얼마나 중요한지 확인해 본다.
③ 게임을 통해 드러나는 집단원의 성격에 대해 강점을 부여하고 지지한다.

☑ 마무리
① 가치관경매 물품관련 내용을 진로노트에 붙이고 소감문을 작성한다.
② 자신의 일일활동지를 작성한다.
③ 다음회기 내용에 대해 설명하고 마무리한다.

[진행자를 위한 Tip]
－한국직업능력개발원 커리어넷(http://www.careernet.re.kr)에 회원가입을 한 후 중학생용 직업적성, 흥미, 가치관, 진로성숙도검사(4개 항목)를 미리 해오게 한다.
－출력을 해올 수 있게 중간 점검을 반드시 한다.

5회기: 나의 신체 & 성격 & 흥미 & 적성과 직업

구 성	5회기	시간	90분	내용	자기 이해
목 표					
주요 내용					
준비 사항					

구 성	5회기	시간	90분	내용	자기 이해
목 표	1. 자신의 성격유형, 흥미, 적성 및 신체적 조건을 알아보고 강점 관점에 기반하여 자신에 대해 긍정적 지지를 부여한다. 2. 자신의 성격유형, 흥미, 적성 및 신체적 조건에 맞는 직업을 알아본다.				
주요 내용	1. 성격유형, 흥미, 적성, 신체적 조건이 직업을 선택할 때 중요한 요인임을 나눈다. 2. 성격유형, 흥미, 적성검사를 통해 자신과 관련된 직업을 알아본다. 3. 자신의 신체적 조건과 자신이 찾는 직업에 대한 신체리듬을 알아본다.				
준비 사항	명찰, 활동지, 평가지, 성격유형 및 적성 검사지, 필기구, 폴라로이드, 진로노트, 개인용 컴퓨터				
활동 내용	**도입**	1. 오늘의 프로그램 소개(10분) −자신의 일일활동지를 작성한다. −오늘 프로그램에 대해 소개한다.			
	전개	2. 나의 성격유형, 흥미, 적성, 신체적 리듬 및 조건 알아보기(30분) 1) Careernet에서 개인별로 실시한 검사 내용에 대해 설명한다. 2) 자신의 검사 내용을 자세히 읽고 시트지에 기입하면서 요약 정리해 본다. 3) 자신의 성격유형과 흥미, 적성, 가치관과 진로성숙도에 대해 발표하면서 자신의 관심직업과 검사내용이 일치하는지에 대해 나눈다. 4) 신체적 조건과 직업과의 관계를 예를 들어 설명해 주면서 자신에 대해 생각해 보게 한다. 5) 나의 성격유형, 흥미, 적성, 신체적 리듬과 대학 학과와의 관계에 대해 생각해 보고 토론한다. 3. 직업정보 및 대학학과를 검색할 수 있는 인터넷 사이트 안내 및 함께 찾아보기(30분) 1) 유인물(직업정보·진로 관련 검색 활용 정보목록)을 나누어 준다. 2) 사이트에 함께 접속하여 관심 직업 및 대학 학과에 대해 보다 자세하게 알아본다.			
	마무리	4. 발표 및 소감문작성, 마무리(20분) 1) 직업과 대학 학과 관련사이트 탐색을 포함하여 오늘 새롭게 알게 된 내용을 친구와 함께 나누고 활동 후의 생각과 느낌을 서로 나눈다. 2) 활동내용을 진로노트에 붙이고 소감문을 작성한다. 3) 자신의 일일활동지를 작성한다. 4) 가장 열심히 참여한 구성원에게 상품을 수여한다. 5) 다음 회기 내용에 대해 설명하고 마무리한다. 6) 과제를 부여한다.			

5회기 세부지도안

☑ 준비물: 명찰, 활동지, 평가지, 성격유형 및 적성 검사지, 필기구, 폴라로이드, 진로노트, 개인용 컴퓨터

[진행자를 위한 Tip]

이번 회기는 지난 시간에 부여했던 과제를 기반으로 활동이 이루어지기 때문에 미리 과제를 모두 해왔는지 점검하는 것이 필요하다. 개별 과제를 수행하지 못한 구성원을 미리 파악하여 프로그램 시작 전 간단한 검사(학생자료 5-4)를 미리 시행하여 프로그램 참여가 어렵지 않도록 한다.

☑ 일일활동지 작성

활동지(학생자료 1-4)의 표정을 참고하여 감정기입 활동지의 표정을 각자 그릴 수 있도록 하고, 빠짐없이 내용을 작성한다.

☑ 이번 회기 활동 소개

여러분 지난 시간에 내준 과제인 '커리어넷에 접속하여 직업 관련 검사 4가지 해오기'를 모두 잘 해왔나요? 본인이 평소 생각하던 자신의 모습과 비슷하게 나왔나요? 혹시 비슷하게 나오지 않은 친구들이 있다면 그 이유를 잠시 후에 함께 살펴보도록 할게요. 오늘은 여러분 자신의 성격유형, 흥미, 적성, 가치관과 진로성숙도를 바탕으로 한 진로선택을 하는 방법에 대해 배워보도록 하겠습니다.

☑ 나의 성격유형, 흥미, 적성, 신체적 리듬 및 조건 알아보기

① Careernet에서 개인별로 실시한 검사 내용에 대해 설명한다.

우리는 커리어넷에서 여러분들의 성격유형과 흥미, 적성에 대해 알아보았습니다. 커리어넷은 청소년들의 진로에 대해 여러 가지 정보와 자신의 성격유형이나 흥미, 적성이 무엇인지를 검사를 통해 알려주고 또 그 검사 결과를 통해 자신에게 가장 잘 맞는 진로의 방향이 무엇인지에 대해 정보를 제공해 주는 곳입니다. 어떤 직업을 가져야 할지, 또 평소 관심 있는 직업이 자신에게 맞는지를 또 각 직업별 특성이나 적성과 능력, 준비는 어떻게 해야 하는지 등에 대한 여러 가지 정보를 제공해 줍니다.

여러분들이 검사한 내용들의 결과표는 직업적성, 직업가치관, 직업흥미, 진로성숙도로 크게 네 가지로 나누어져 있습니다. 먼저 직업적성은 직업에 적응하고 그것을 담당하는 데 필요한 자질과 능력이며 직업가치관은 직업과 관련된 다양한 욕구 및 가치들에 대해 각 개인이 상대적으로 무엇을 얼마나 더 중요하게 여기는가에 대한 것을 뜻합니다. 직업흥미는 직업에 대해 얼마만큼 흥미를 가지고 있는가에 대한 것이며, 진로성숙도는 자신의 진로에 대해 스스로 진로를 찾아보고 계획하고 자신의 결정을 실행하는 데 필요한 자신의 발달 정도를 뜻하는 것입니다.

② 자신의 검사 내용을 자세히 읽고 활동지(학생자료 5－1)에 기입하면서 요약 정리해 본다.

③ 자신의 성격유형과 흥미, 적성, 가치관과 진로성숙도에 대해 발표하면서 자신의 관심직업과 검사내용이 일치하는지에 대해 나눈다.

[진행자를 위한 Tip]

－발표시 구성원이 가지고 있는 성격과 흥미 및 적성의 강점을 발견하게 하고 지지하며 강점을 부여해 준다.

④ 신체적 조건과 직업과의 관계에 예를 들어 설명해 주면서 자신에 대해 생각해 보게 한다.

우리가 직업을 선택할 때에는 자신의 체력(신체적인 종합능력)과 신체적 조건을 필수적으로 고려해야 한다. 아무리 자신이 잘 할 수 있다고 생각되고 좋아하는 일이라고 해도 자신의 신체적 조건으로는 불리한 직업은 선택하면 계속하기가 힘들어집니다. 예를 들어 신체적으로 쇠약한 사람이 군인이나, 경찰관처럼 강건한 체력을 요구하는 직업을 갖는 것은 어렵고, 또 시력이 나쁜 사람이 좋은 시력을 요구하는 운동선수와 같은 직업을 갖는 것은 적절하지 않습니다. 또 알레르기성 체질을 가진 사람이 먼지 나는 곳이나 심한 냄새가 나는 곳, 지하에서 일을 하기 어려울 것입니다. 또한 말을 아주 잘 해야 하거나 많은 사람들을 계속 만나야 되는 직업인 경우에 발음에 장애를 가지고 있다면 이런 직업을 가질 수 없습니다. 다시 말하면 자신의 직업을 선택할 때 기본적으로 자신의 신체적 조건을 잘 이해하는 것이 중요합니다.

[진행자를 위한 Tip]

– 신체적 조건과 관련 직업과의 관계는 구성원들의 신체에 대해 인신공격이 될 수 있기 때문에 예를 들어 설명해 준다.

* 예: 운동선수가 되려면 관련 운동에 신체적 조건이 맞아야 한다. 또 야간근무를 해야 하는 직업(간호사, 방범 등)은 밤에 잠을 자지 않아도 피곤하지 않는 신체적 리듬을 가져야 한다 등.

– 자칫 자신의 신체적 단점이 친구들에게 공개되는 것 같아서 부담스러워 할 수 있으므로 서로 발표하기보다는 혼자서 해 보는 것으로 진행한다.

☑ 궁금한 직업정보 찾는 검색방법 배우기

① 직업정보, 진로관련 검색활용 정보목록(학생자료 5–2)을 나누어 주고 설명한다.
② 사이트에 함께 접속하여 관심직업에 대해 보다 자세하게 알아본다.

[진행자를 위한 Tip]

– 사이트 주소: *http://www.careernet.re.kr/career/jd/jobJunior.do?mid=0002&scrGubun=CH02*

– 함께 접속하여 각자 관심직업을 검색하는 법을 익히면 좋으나 그것이 불가하다면 빔

프로젝트 등을 활용하여 하는 방법을 알려주는 것도 무방하다. 이 방법을 토대로 과제를 수행할 수 있도록 한다.

☑ 마무리

① 오늘 새롭게 알게 된 내용을 친구와 함께 나누고 활동 후의 생각과 느낌을 서로 나눈다.
② 활동내용을 진로파일에 넣고 소감문을 작성한다.
③ 자신의 일일활동지를 작성한다.
④ 가장 열심히 참여한 구성원에게 상품을 수여한다.

[진행자를 위한 Tip]
우수활동 학생에게 전달되는 상품은 작은 것이어도 구성원들에게 동기부여가 되므로 프로그램 진행에 도움이 된다.

⑤ 이번 회기 내용에 대해 요약하고 과제를 부여한다.

[진행자를 위한 Tip]
－과제완성을 위해 강화물에 대해 미리 공지하고 강화물을 제공하면 참여율을 높일 수 있다.
－관심직업인과 대학 학과를 결정하게 하고 직업인 만남과 직장 탐방을 위한 섭외 및 대학생 멘토 자원봉사자 모집활동이 시작되어야 한다.
　　a. 대학생 멘토는 학생이 체험하는 직업과 관련 학과생을 섭외하는 방법과 사회복지학과 학생을 섭외하는 방법이 있는데 학생의 관련 학과생은 오가는 시간 동안 관련직업이 되기 위한 준비과정 및 학과에 관한 설명을 해줄 수 있다는 장점이 있으며 아이들을 만나는 경험이 많은 사회복지학과 학생을 섭외하는 것은 아이들과 쉽게 친밀해진다는 장점이 있다.

b. 대학의 봉사동아리, 관련학과 학생회의 도움을 얻는 방법이 효율적이라 할 수 있다.

c. 대학생 멘토와 멘토의 매칭은 학교관계자의 우려를 피할 수 있도록 가급적 성별을 맞추는 것을 원칙으로 한다.

-과제(학생자료 5-3):

a. 진로노트에 오늘 알게 된 나에게 맞는, 되고 싶은 직업군 및 성공직업인(과제1)에 대해 조사해 온다.

b. 관심직업과 대학학과를 결정(체험활동연계를 위해) 해오도록 한다.

6회기: 나의 의사를 결정하게 하는 것은?

구 성		6회기	시간	90분	내용	자기 이해
목 표		1. 자신의 의사결정 유형에 대해 알아본다. 2. 합리적인 의사결정의 중요성과 방법에 대해 살펴본다. 3. 자신의 의사를 합리적으로 결정할 수 있도록 한다.				
주요 내용		1. 자신의 의사결정의 기준과 유형에 대해 진로 의사결정 유형 설문 문항을 통해 알아보고 자신의 의사결정에 대해 이해한다. 2. 합리적인 의사결정의 중요성과 방법에 대해 설명하고, 토론을 통해 이해한다. 3. 자신의 의사결정을 합리적으로 하는 방법에 대해 알아본다.				
준비 사항		명찰, 활동지, 진로결정의사설문지, 필기구, 폴라로이드, 진로노트				
활동 내용	도입	1. 오늘의 프로그램 소개(5분) －자신의 현재 감정표현 기입지를 작성한다. －오늘 진행될 프로그램 내용에 대해 소개한다.				
	전개	2. 나의 성격유형, 흥미, 적성과 맞는 관련 직업 과제 발표하기(15분) 1) 적성검사를 통해 알게 된 나의 성격 및 흥미 신체적 리듬에 맞는 직업에 대한 과제(직업소개, 성공직업인소개)를 발표한다. 2) 발표를 통해 자신이 되고 싶은 직업에 대해 친구와 함께 나눈다. 3) 과제를 열심히 수행하고 발표를 잘한 구성원에게 상품을 수여한다. 3. 의사결정의 세 가지 유형에 대하여 설명, 설문실시(20분) 1) 합리적, 의존적, 직관적인 세 유형에 대한 특징을 설명한다. 2) 자신의 의사결정 유형을 예상해 본다. 3) 진로 의사결정 유형 설문을 통해 자신의 유형을 채점해 본다. 4. 자신의 의사결정 유형에 대한 이해(20분) 1) 예상했던 자신의 의사결정 유형과 결과의 차이에 대해 이해한다. 2) 자신의 의사결정 유형의 장단점 및 보완할 점에 대해 나눈다. 5. 합리적인 의사결정의 과정에 대한 이해(20분) 1) 합리적인 의사결정 활동지를 나누어주고, 예를 들어 설명한다. 2) 자신의 학교생활 속 상황에 대해(선생님과 친구와의 관계 중 힘들었던 경험) 실제 예(실제생활, 직업)를 들어 합리적인 의사결정을 해 보도록 한다. 3) 발표를 통해 구성원들의 합리적인 의사결정 과정을 나누고 익힌다.				
	마무리	6. 발표 및 소감문작성, 과제발표, 마무리(10분) 1) 활동내용에 대해 간단히 소감을 나눈다. 2) 활동내용을 진로노트에 붙이고 소감문을 작성한다. 3) 일일활동 평가지를 작성한다. 4) 과제를 부여한다. 5) 다음 회기의 내용에 대해 설명하고 마무리한다.				

6회기 세부지도안

☑ **준비물:** 명찰, 활동지, 진로결정의사설문지, 필기구, 폴라로이드, 진로노트

☑ **일일활동지 작성**

− 일일활동지(학생자료 6−3)의 내용을 빠짐없이 작성한다.

☑ **이번 회기 활동 소개**

지난 시간 우리는 나의 성격유형, 흥미, 적성, 대학 학과 등에 관한 자료를 Careernet을 통해 알아보는 시간을 가졌었는데요. 오늘은 우리들이 살아가면서 꼭 필요한 합리적인 의사결정이 무엇인지 알아보는 활동을 할 예정입니다. 합리적인 의사결정을 통해 우리들의 합리적인 진로의사결정이 또 무엇인지까지 알아보도록 할게요.

[진행자를 위한 Tip]
의사결정이 무엇인지에 대해 가정과 학교생활에서 예를 들어 설명해 준다.

☑ **나의 성격유형, 흥미, 적성과 맞는 관심직업 과제 발표하기**

① 적성검사를 통해 알게 된 나의 성격 및 흥미 신체적 리듬에 맞는 직업에 대한 과제 (직업소개, 성공직업인 소개)를 발표한다.

② 발표를 통해 자신이 되고 싶은 직업에 대해 친구와 함께 나눈다.

③ 과제를 열심히 수행하고 발표를 잘한 구성원에게 상품을 수여한다.

[진행자를 위한 Tip]
모든 구성원들에게 자신이 되고 싶고, 관심 있는 직업에 대해 구성원의 강점과 연계하여 강점 관점으로 지지해 준다.

* 예: ○○는 평상시에 친구에 대한 배려가 정말 많더니 사회복지사가 적성에 맞고 되고 싶은 것이구나. 정말 대단하다.

  ○○는 프로그램 시간에 소감문을 정말 잘 쓰더니 작가가 적성에 맞고 되고 싶은 거네. 나중에 유명작가가 되면 선생님 모른 척하지 마.

☑ 의사결정 유형에 대해 알아보기

① 합리적, 의존적, 직관적인 세 유형에 대한 특징을 설명한다.

> 의사결정유형을 보면 합리적, 의존적, 직관적인 유형이 있어요. 합리적 유형은 리더십은 부족하지만 혼자 일을 잘 해낼 수 있는 사람으로 예를 들면 학자로서 지적능력이 높은 직업군이 많아요. 의존적 유형은 함께 어울리며 활동하는 것을 좋아하고, 본인의 이익이 적어도 남을 돕는 일을 좋아하는 사람으로 상담가, 사회복지사, 종교가 등을 들 수 있어요. 마지막으로 직관적 유형은 예술형이라고 말할 수 있어요. 그래서 작가나 조각가 등을 들 수 있어요. 그럼 우리는 어떤 유형인지 알아볼까요?

② 자신의 의사결정 유형을 예상해 본다.
③ 의사결정 유형 설문을 통해 자신의 유형을 채점해 본다.

[진행자를 위한 Tip]
의사결정 유형에 대한 설문 작성시 진지하게 생각해보며 응답할 수 있도록 주의를 준다.

④ 예상했던 자신의 의사결정 유형과 결과의 차이에 대해 이해한다.
⑤ 자신의 의사결정 유형의 장단점 및 보완할 점에 대해 나눈다.

[진행자를 위한 Tip]
발표시 구성원의 의사결정에 대한 강점을 적극적으로 지지해 준다.

☑ 합리적인 의사결정의 과정에 대한 이해

① 합리적인 의사결정 활동지(학생자료 6-1)를 나누어주고, 예를 들어 설명한다.

② 자신의 학교생활속 상황에 대해(선생님과 친구와의 관계 중 힘들었던 경험) 실제 예
   (실제생활, 직업)를 들어 합리적인 의사결정을 해 보도록 한다.

[진행자를 위한 Tip]

- 학교생활과 가정생활에서 의사결정 시 부모와 교사와의 갈등을 겪게 되는 상황들에
  대해 합리적으로 의사결정을 하는 것에 대해 나눈다.

- 발표내용을 토대로 학교생활 및 가정생활에 대한 중요성을 바탕으로 부모교육과 참
  여, 담임교사 프로그램 참여에 대해 한 번 더 인식하게 하고 부정적 인식을 감소시킬
  수 있도록 한다.

③ 발표를 통해 구성원들의 합리적인 의사결정과정을 나누고 익힌다.

☑ 마무리

① 활동내용에 대해 간단히 소감을 나눈다.

② 일일활동지를 작성하고 활동내용과 함께 진로파일에 정리하여 넣어둔다.

③ 과제를 부여한다.

[진행자를 위한 Tip]

과제: 지난 5회기 수행했던 내용을 토대로, 학급 친구 한 명을 선정해서 친구의 적성과
흥미, 가치관, 성숙도 검사를 해주고 검사결과를 활동지(나의 진로 Profile/학생자료 7-3)
에 작성해 오도록 한다(과제수행을 잘 해오는 구성원에게 친구와 함께 상품이 있음을 공
지하여 참여 독려).

④ 친구초대에 대해 설명하고 친구와 함께 진행될 7회기 내용에 대해 소개한다.

우리 다음 시간에는 친구들과 함께하는 시간을 가질 거예요.
우리가 활동했던 적성과 흥미, 가치관, 성숙도 검사를 우리 친구들이 친구와 함께 작성해서 다음 시간에 함께 활동할 예정이에요. 모두들 친구들과 함께 과제를 수행해 올 자신이 있지요?
우리 꼭 다음 시간에는 친구와 함께 더 신나는 활동을 하도록 해요.

[진행자를 위한 Tip]

직업인 만남과 직장 탐방을 위한 섭외 및 대학생 멘토 자원봉사자 모집 활동을 위한 계획서를 작성하고 내부 공문 및 외부 공문(직장, 대학 등)을 통해 인가를 받아야 한다.

7회기: 친구와의 관계 속에서 나의 진로

구 성	7회기	시간	100분	내용	또래 & 학교생활 속의 진로
목 표					

구 성	7회기	시간	100분	내용	또래 & 학교생활 속의 진로
목 표	1. 친구를 섣부르게 판단하는 행동과 편견에 대해 알아본다. 2. 친구를 이해하고 좋은 친구가 되는 데 필요한 대인관계 기술을 습득한다. 3. 친구의 흥미와 적성을 알아보고 서로의 진로에 대한 고민을 나눈다. 4. 친구와의 상호지지를 통해 자신의 진로에 대한 탐색의 시간을 가진다.
주요 내용	1. 친구와의 문답작성 시간을 통해 친구의 행동에 대한 편견을 알아본다. 2. 친구와 잘 지낼 수 있는 대인관계 기술에 대해 설명하고 습득한다. 3. 자신이 알고 있는 친구의 흥미와 적성에 대해 나누며 서로의 진로에 대해 의견을 교환한다. 4. 서로의 진로에 대한 생각의 강점을 지지해 주며 상호지지한다.
준비 사항	명찰, 활동지, 평가지, 필기구, 폴라로이드, 친구관찰일지, 진로노트

활동 내용	도입	1. 오늘의 프로그램 소개(20분) 1) 자신의 현재 감정표현 기입지를 작성한다. 2) 친구소개내용을 작성하고, 친구를 소개한다. 3) 참여친구가 소개에 덧붙여 자신을 소개한다. 4) 친구와 같은 한 조가 되어서 '진행자와 텔레파시' 게임을 한다.
	전개	2. 대인관계 기술에 대한 설명(20분) 1) 친구를 이해하기 위한 친구에게 가져야 할 기본적인 마인드에 대해 알아본다. 2) 친구와 잘 지내기 위한 의사소통기술을 습득한다. 3. 친구의 진로검사에 따른 친구의 진로파일 설명(20분) 1) 작성한 친구의 흥미와 적성, 가치관 등 진로파일에 대해 소개한다. 2) 작성과 발표를 통해 친구와 자신의 흥미, 적성, 진로에 대해 의견을 나눈다. 3) 구성원들 서로의 생각과 의견에 대해 강점을 부여해 주며, 긍정적인 지지를 나눈다.
	마무리	4. 발표 및 소감문작성, 마무리(20분) 1) 활동내용을 진로노트에 붙이고 소감문을 작성한다. 2) 과제활동에 대해 발표하고 성의 있게 잘한 사람에게 상품을 수여한다. 3) 과제를 부여한다. 4) 다음 회기 내용(담임교사 초대)에 대해 설명하고 마무리한다.

7회기 세부지도안

☑ **준비물:** 명찰, 활동지, 평가지, 필기구, 폴라로이드, 친구관찰일지, 진로노트

[진행자를 위한 Tip]
- 친구초대의 목적은 본 프로그램의 낙인감(학교생활부적응 대상)을 예방하는 것과 참여학생 혼자만의 변화만이 아닌 또래그룹의 진로에 대한 관심 향상 및 긍정적인 변화에 있다.
- 같이 온 친구 역시 진로에 대한 관심을 가지고 참여할 수 있도록 내준 과제(커리어넷에 접속하여 4가지 직업관련 검사하기)를 잊지 않고 해올 수 있도록 미리 확인한다.
- 회기 전 친구를 초대하지 못한 학생이 있지 않은지 점검한다.
- 회기에 필요한 준비물, 활동간식 등을 친구의 것까지 여유 있게 준비하도록 한다.
- 인원증가로 인해 장소 이동이 필요한지 미리 고려하도록 한다.

☑ **일일활동지 작성**
- 일일활동지(학생자료 7-6)의 내용을 빠짐없이 작성한다.

☑ **이번 회기 활동 소개**

> 오늘은 모르는 얼굴들이 많이 보이네요. 다들 바쁜데도 불구하고 친구에게 도움이 되어주기 위해 와준 끈끈한 우정을 가진 새로운 친구들을 환영합니다. 자, 박수!
> 오늘은 친구들과 함께 지금보다 더 끈끈한 우정을 더 잘 유지할 수 있는 비법들을 알려주려고 해요. 친구와의 대인관계, 친구와 대화하는 방법을 알아보고 게임도 하고 친구의 진로를 우리 친구들이 직접 찾아봐주는 시간을 가져보려고 해요.

☑ 친구들과 친해지기

① 초대한 친구뿐 아니라 집단구성원들 모두 자기소개를 하도록 한다.

② 자신의 친구와 한 조가 되어서 '진행자와 텔레파시' 게임을 한다.

> 텔레파시라는 게임방법을 알려 줄게요.
> 예를 들면 선생님이 생각하는 가수, 직업, 아이스크림, 과자 이름 등 6가지의 이름을 작성 후 게임에 참여하는 우리 친구들이 초대한 친구와 짝이 되어 게임활동지에 좋아하는 가수, 직업인, 아이스크림, 과자, 이름을 작성해서 누가 선생님이 작성한 내용을 텔레파시를 받고 가장 많이 일치하게 마친 팀이 승리하는 게임이에요. 모두 다 이해하셨죠? 그럼 게임을 진행해볼까요?

[진행자를 위한 Tip]

－구성원이 초대한 학생들이 어색하지 않도록 참여를 환영하며 지지한다.

－레크리에이션을 통해 상호 간에 친밀해 질 수 있도록 하며 게임을 잘한 조에게 강화물을 제공하여 이후 프로그램에 대한 기대를 높인다.

－진행을 하면서 6개 이름을 다 외친 후 다른 팀들의 활동지를 확인해 보고 가장 많이 마친 팀에게 승리를 부여한다. 혹은 진행 전 6개 이름 중 3개의 이름을 맞히고, 팀의 이름을 먼저 구호로 외친 팀에게 승리를 부여해도 무방하다.

☑ 대인관계 기술 익히기

① 친구를 이해하기 위해 친구에게 가져야 할 기본적인 마인드에 대해 알아본다.

> 좋은 친구로 친구와 잘 지낸다는 것은 그냥 얻어지는 것이 아닙니다. 나를 낮추고 먼저 친구의 마음을 헤아리며 이해하는 마음을 갖는 것이 중요합니다. 이를 위해서는 지금 말하는 네 가지만이라도 외워서 항상 실천하려고 해 보시기 바랍니다. '어기역차'입니다.

'어'는 어떤 이야기인지 잘 들어주는 것이고, '기'는 친구의 기분을 이해해 주며, '역'은 역지사지로 친구의 입장이 되어 본다는 것을 의미합니다. 친구가 왜 그렇게 행동을 했을까, 왜 그런 말을 했을까를 먼저 친구 입장이 되어서 생각해 보는 것입니다. '차'는 차이가 있다는 것으로, 친구의 생각이 나와 다를 때 친구의 생각을 인정해 준다는 것입니다. '어기역차'를 기억하고 이렇게 친구와 관계를 가지게 된다면 늘 여러 분들은 많은 친구들을 가지게 될 것입니다.

② 자료(학생자료 7-2)를 함께 보며 대인관계 기술을 향상시킬 수 있는 의사소통 기술을 가르치고 연습해 본다.

☑ 친구의 진로검사에 따른 친구의 진로파일 함께 만들기
① 친구가 미리 검사해온 검사결과를 바탕으로 흥미와 적성, 가치관 등 진로파일을 함께 친구와 만들어 본다.
② 함께 작성한 진로파일을 발표해 보며 친구와 자신의 흥미, 적성, 진로에 대해 의견을 나눈다.
③ 구성원들 서로의 생각과 의견에 대해 강점을 부여해 주며, 긍정적인 지지를 나눈다.

[진행자를 위한 Tip]
-친구의 진로검사 내용을 토대로 자신과 다른 점을 중심으로 설명하게 한다.
-발표내용에 대해 적극적인 피드백을 주며 강점관점으로 지지해 준다.

☑ 친구가 전해 주는 한마디와 초청장 만들기
-집단구성원은 다음 회기에 진행될 교사와의 활동을 위해 초청장(학생자료 7-5)을 만들고 같이 온 친구는 그동안 자신의 친구에게 전하는 한마디(학생자료 7-4)를 완성한다.

☑ 마무리

① 일일활동지를 작성하고 활동내용과 함께 진로노트에 정리하여 넣어둔다.

② 활동내용에 대해 간단히 소감을 나눈다.

③ 친구와 함께 과제 수행을 잘하고 발표를 잘 한 팀에게 상품을 수여한다.

④ 학생들에게 오늘 만든 초대장을 미리 교사에게 전달하도록 안내한다.

⑤ 활동내용을 정리하고 다음 회기를 소개한다.

> 오늘 와준 친구들 모두 고마워요. 오늘 활동이 어땠나요? (학생대답) 우리 학생들에게 도움이 되는 시간이었으면 좋겠습니다. 오늘 활동을 통해서 대인관계란 혼자만의 노력으로 되는 것이 아니라 우리 친구들 모두의 노력으로 된다는 사실도 배울 수 있었지요? 진로.라는 것도 마찬가지예요. 진로도 친구들과 함께 계획하고 함께해 나아간다면 힘든 일도 기쁜 일도 서로 의지하면서 잘 헤쳐 나갈 수 있을 것 같아요.
> 그리고 오늘 하루밖에 함께하지 못했지만 학교사회복지실은 언제든 열려 있으니 자주 오도록 해요. 그리고 다음 회기에는 담임선생님과 함께할 예정이니, 담임선생님께 초대장을 꼭 전달해야 함께 하실 수 있겠죠? 그럼 우리 다음 시간에 담임선생님과 함께 하도록 해요

⑥ 찾아온 친구와 함께 폴라로이드 사진을 2장씩 찍어 나누어 갖는다.

[진행자를 위한 Tip]

- 학교부적응 학생의 경우 교사와의 관계가 좋지 않을 가능성이 높기 때문에 교사와 함께 집단프로그램을 진행하는 것에 대해 불만을 토로하기 쉽다. 그러므로 부정적 인식과 거부감을 없애기 위해 개별상담시, 앞 회기 프로그램 활동시 지속적인 언급이 있어야 한다.

- 부모에 대한 개입과 담임교사와의 면담은 지속적으로 이루어져야 하며, 구성원 개별에 대한 사례관리가 병행되어야 한다.

- 학생에게 초대장을 받은 교사가 당황하지 않도록 프로그램의 취지에 대한 설명과 함께

미리 담임교사에게 프로그램에 참여해 줄 것에 대해 요청해야 한다. 교사가 준비해야 할 사항을 궁금해 하면 나눌 내용(본인의 어린 시절 꿈, 꿈을 이루기 위한 노력, 꿈을 이루려 할 때 장애가 되었던 점, 학생에게 해주고 싶으신 말씀 등)에 대해 고지하여 생각해 보고 올 수 있도록 할 수 있다. 또한 집단참여시 관계개선을 위해 강점관점으로 학생을 지지해 줄 것을 당부하며 교사에게 답례품으로 간단한 선물을 준비하는 것도 좋다(초콜릿, 목캔디 등).

- 만일 진행 후 시간의 여유가 있다면 미래탐색 및 진로지도에 관한 정보(집단활동 시 쓰였던 자료 혹은 커리어넷의 자료를 활용하여)를 미리 뽑아서 준비하여 친구들과 함께 학교 게시판 및 학교사회복지실에 게시할 정보판이나 유인물을 함께 꾸며도 좋다. 자신들이 만든 유인물을 통해 집단에 대한 동기가 강화되는 효과와 집단구성원이 아닌 학교구성원에게도 진로탐색에 대한 욕구를 불러일으킬 수 있을 것이다. 혹은 집단구성원이 학교부적응학생이므로 개인상담시간이나 방과 후에 시간을 내어 유인물을 만들어보는 방법도 추천할 만하다.

8회기: 학교생활 속에서의 나의 진로

구 성	8회기	시간	90분	내용	또래 & 학교생활 속의 진로
목 표	1. 학교생활에서의 나를 발견한다. 2. 학교생활의 중요성과 진로의 연관성에 대해 이해한다. 3. 선생님과 함께 진로에 대한 대화의 시간을 통해 지지를 얻는다. 4. 학교생활과 자신의 진로의 중요성에 대해 인식한다.				
주요 내용	1. 학교생활 속에서 자신의 모습 관찰을 통해 자신을 발견해 본다. 2. 학교생활의 중요성과 진로와의 연관성에 대해 함께 알아본다. 3. 선생님과 함께 서로의 어린 시절 꿈과 학창시절 진로와 관련된 계획들에 대해 이야기를 나누고, 자신의 진로에 대해 선생님의 지지를 받는다. 4. 학교생활 속에서 자신의 진로의 중요성에 대해 고민해 본다.				
준비 사항	명찰, 활동지, 평가지, 필기구, 폴라로이드, 진로노트				
활동 내용	도입	1. 오늘의 프로그램 소개(5분) －자신의 현재 감정표현 기입지를 작성한다.			
	전개	2. 학교생활의 중요성과 진로와의 연관성(25분) 1) 학교생활(학업, 친구 등)이 왜 중요한지에 대해 함께 토론한다. 2) 선생님과의 관계가 학교생활에 미치는 영향에 대해 함께 토론한다. 3) 학교생활과 진로와 연관되는 부분에 대해 함께 토론하고 공유한다. 3. 휴식(10분) 4. 선생님과 함께 타임머신(30분) 1) 선생님을 초청하여 선생님의 어린 시절엔 어떤 꿈을 꾸었고, 그 꿈을 이루기 위해 어떤 노력을 하였는지에 대해 타임머신 여행을 통해 알아본다. 2) 자신의 진로노트를 선생님께 보여 드리며 설명을 드린다. 3) 자신의 어린 시절 꿈과 지금의 꿈을 선생님과 함께 나눈다. 4) 선생님은 구성원들의 진로노트에 한마디(글)를 남기며 적극적인 지지를 보낸다. 5) 선생님이 작성하실 동안 구성원들도 선생님에게 감사의 편지를 쓴다. 6) 선생님과 함께 폴라로이드 기념사진을 찍는다.			
	마무리	5. 발표 및 소감문 작성, 마무리(20분) 1) 활동내용을 진로노트에 붙이고 소감문을 작성한다. 2) 우수 팀(스승과 제자)에게 상품을 수여한다. 3) 10회기 활동내용(직업인 만남 및 직장탐방)에 대해 사전 설명을 해준다. 4) 다음 회기 내용에 대해 설명하고 마무리한다.			

8회기 세부지도안

☑ **준비물:** 명찰, 활동지, 평가지, 필기구, 폴라로이드, 진로노트

[진행자를 위한 Tip]
- 이번 회기는 담임선생님 초대를 통해 구성원들과 교사와의 관계를 돈독하게 하고 진행된 내용에 대한 소개와 활동에 대해 선생님의 긍정적이고 강한 지지를 끌어냄으로써 구성원들의 자아존중감을 향상시키는 것을 목적으로 한다.
- 담임교사의 참여에 대해 부정적인 구성원이 없도록 프로그램 시작 전 충분한 개입을 한다. 싫은 이유에 대해 충분히 듣고, 이유에 대해 접근할 수 있는 방안을 모색해야 하며, 담임교사와의 개별 접근을 통해, 구성원과의 관계형성이 긍정적이 될 수 있도록 중간 역할을 수행한다.
- 회기에 필요한 준비물, 활동간식 등을 교사의 것까지 여유 있게 준비하도록 한다.
- 인원증가로 인해 장소 이동이 필요한지 미리 고려하도록 한다.

☑ **일일활동지 작성**
- 일일활동지(학생자료 8-4)의 내용을 빠짐없이 작성한다.

☑ **이번 회기 활동 소개**

> 오늘은 미리 예고한 바와 같이 여러분의 담임선생님께서 함께하시는 시간입니다. 선생님들께서는 바쁘셔서 우리들이 먼저 프로그램을 진행한 후 4시부터 함께하는 시간을 가질 예정입니다. 선생님이 오시기 전에 우리는 학교생활의 중요성에 대한 시간을 가져볼 거예요. 학교생활이 우리 진로와는 또 어떤 연관이 있을지 알아보도록 해요.

☑ 학교생활의 중요성과 진로와의 연관성

① 활동지(학생자료 8-1)를 채워보며 학교생활의 중요성과 진로와의 연관성에 대해 생각해 보도록 한다.

> 여러분들이 생각하는 학교생활의 중요성이 무엇인지 그리고 나의 진로와는 또 어떤 관련이 있는지 한 번쯤은 생각해 본 적이 있나요? 왜 중요할까요? (학생대답) 맞아요. 여러분들이 생각하는 모든 것들이 다 중요할 수 있어요. 우리 지금 시간부터 우리가 나눈 이야기와 생각들을 우리 활동지에 직접 작성해 보면서 정리하는 시간을 가져보도록 해요.

② 학교생활(학업, 친구 등)이 왜 중요한지에 대해 함께 토론한다.
③ 선생님과의 관계가 학교생활에 미치는 영향에 대해 함께 토론한다.
④ 학교생활과 진로와 연관되는 부분에 대해 함께 토론하고 공유한다.

☑ 선생님과 함께 타임머신

① 선생님을 초청하여 선생님들께서는 어린 시절 어떤 꿈을 꾸었고, 그 꿈을 이루기 위해 어떤 노력을 하였는지에 대해 들어보는 시간을 갖는다.
② 자신의 진로노트를 선생님께 보여 드리며 설명을 드리고 자신의 어린 시절 꿈과 지금의 꿈을 선생님과 함께 나눈다.
③ 선생님은 구성원들의 진로노트에 한마디(글)를 남기며 선생님께서 작성하실 동안 학생들도 선생님에게 감사의 편지를 작성하도록 한다.
④ 선생님과 함께 폴라로이드 사진을 2장 찍어 서로 나누어 가진 후, 와주신 선생님들께 감사의 인사를 전하고 선생님들을 먼저 보내 드리도록 한다.

- 의미 있는 활동이 되기 위해서는 담임교사에게 사전에 충분한 설명을 해야 한다. 학생에 대한 부정적 시각이 아닌 긍정적 측면을 부각시킬 수 있는 내용으로 구성한다. 프로그램 참여시 교사가 강점관점으로 적극적인 칭찬과 격려를 보낼 수 있도록 한다.
- 혹시 담임교사가 피치 못할 사정으로 참여가 어려우시다면 1:1로 다른 과목교사나 자원봉사자를 활용하여 학생이 활동시간 동안 소외되지 않도록 배려한다.
- 학생 편지는 그 자리에서 선생님들께 드리지 않고 진행자가 내용을 확인한 후에, 진행자의 감사인사와 함께 나중에 전달하도록 한다.

☑ 마무리

① 일일활동지를 작성하고 활동내용과 함께 진로파일에 정리하여 넣어둔다.
② 활동내용에 대해 간단히 소감을 나눈다.
③ 10회기 활동내용(직업인 만남 및 직장탐방)에 대해 사전 설명을 해주어 준비할 수 있도록 하고 이번 회기 활동을 정리한다.

여러분 오늘 회기를 통해 나의 진로가 학교생활과 어떤 연관성이 있는지 왜 중요한지 알아보는 시간을 선생님과 함께하면서 가졌어요. 오늘 선생님과 함께한 활동이 어땠어요? (학생대답) 너무 좋았죠? 또 언제 이렇게 선생님과 함께 일대일로 짝이 되어 시간을 가질 수 있겠어요? 그렇죠? (학생대답) 그럼 우리 오늘 함께해 주신 선생님께 감사의 의미로 큰 박수 쳐 드릴까요? (선생님 퇴장)
다음 활동은 다양한 직업세계와 직업인과의 만남의 목적을 알아보는 시간을 가지려고 하는데 그 자리에 선생님이 특별한 사람들을 초대했어요. 바로 여러분들이 직업인을 만나러 갈 때 함께 동행해줄 대학생 언니오빠들이에요. 좋죠? (학생대답) 그리고 다음 시간에는 우리 친구들이 만날 직업인 인터뷰지를 작성할 예정이니 어떤 질문을 하고 싶은지 생각해 오도록 해요.

[진행자를 위한 Tip]

- 회기를 마친 후 교사에게 학생 및 진행자의 감사메시지를 전하며 교사가 학생에게
지속적인 관심을 가질 수 있도록 한다.
- 원활한 진행을 위하여 직업인 만남과 직장 탐방을 위한 섭외 및 대학생 멘토 자원봉
사자 모집 활동이 완료되어야 한다.

9회기: 직업세계에 대한 이해 & 나의 적성과 흥미 그리고 나의 진로설계

구 성	9회기	시간	90분	내용	진로와 직업 이해
목 표		1. 직업의 개념 및 의의, 중요성에 대해 이해한다. 2. 다양한 직업의 세계에 대해 이해한다. 3. 직업인 만남과 직장 탐방의 목적을 이해한다.			
주요 내용	1. 일의 소중함과 가치와 연관하여 직업의 개념과 의의 및 중요성에 대해 설명한다. 2. 자신의 관심분야의 직업에 대한 정보와 직업인 인터뷰를 작성해 본다.				
준비 사항	명찰, 활동지, 평가지, A4용지, 필기구, 폴라로이드, 진로노트, 인터뷰 용지/정보실(컴퓨터 활용)				

활동 내용	도입	1. 오늘의 프로그램 소개(10분) -자신의 현재 감정표현 기입지를 작성한다. -오늘의 프로그램에 대해 설명한다. -대학생 멘토를 소개하고 미리 구성원끼리 짝을 짓는다.
	전개	2. 직업의 개념과 의의, 중요성 설명(10분) 1) 3회기에서의 일의 소중함과 가치와 연관하여 직업의 개념, 의의, 중요성을 설명한다. 2) 직업의 중요성을 함께 나눈다. 3) Careernet 홈페이지에서 중학생란을 클릭하여 심리검사와 직업정보 등 활용에 대해 개괄적인 설명을 한다. 3. 자신의 관심분야 직업에 대한 정보 탐색(20분) 1) 대학생 멘토와 함께 Careernet 홈페이지에서 직업사전과 분야별 직업의 세계의 정보, 관련 대학 및 학 과를 정리해 본다. 2) 직업인 인터뷰난에서 자신이 만나게 될 직업인에 대해 살펴본다. 3) 인터뷰 내용을 살펴본다. 4. 인터뷰 내용 작성하기(30분) 1) 3의 3)항에서 살펴본 내용을 토대로 자신의 인터뷰 내용을 작성한다. 2) 자신이 작성한 인터뷰 내용을 발표한다. 3) 공통된 내용을 토대로 공통 인터뷰지를 완성하고 꾸민다.
	마무리	5. 발표 및 소감문작성, 마무리(10분) 1) 활동내용을 진로노트에 붙이고 소감문을 작성한다. 2) 활동지에 있는 자신의 진로설계 과제를 수행해 오도록 한다. 3) 다음 회기 내용에 대해 설명하고 마무리한다. 6. 대학생 멘토와 다과회 -대학생활 및 대학 학과에 대해 자유롭게 대화를 나눈다. -체험활동 시 만날 내용에 대해 다시 한 번 더 나눈다.

9회기 세부지도안

☑ 준비물: 명찰, 활동지, 평가지, A4용지, 필기구, 폴라로이드, 진로노트, 인터뷰 용지

[진행자를 위한 Tip]
- 본 회기는 활동 전반에 걸쳐 재점검을 하고 차기 체험활동에 대해 공지하는 시간으로 구성한다.
- 회기에 필요한 준비물, 활동간식 등을 멘토의 것까지 여유 있게 준비하도록 한다.
- 멘토와 짝을 이루어 인터넷을 검색하는 활동이 진행되므로 컴퓨터실을 사용할 수 있도록 미리 허가를 받아둔다.
- 프로그램 시작 전 대학생 멘토를 미리 만나 멘티에 대한 사전정보, 이전의 프로그램 내용을 교육한다. 또한 오늘 프로그램이 끝난 후 준비되는 다과회 시간에 관련학과 정보 및 대학 생활에 대해 학생들과 함께 대화를 나누어 줄 것을 요청한다.

☑ 일일활동지 작성
- 일일활동지(학생자료 9-3)의 내용을 빠짐없이 작성한다.

☑ 이번 회기 활동 소개 및 상호 간의 인사

> 오늘은 다음 회기에 직업인터뷰 및 직장탐방을 도와줄 대학생 언니오빠들이 함께 참여해 주었습니다.
> 함께해 줄 대학생 언니오빠들에게 박수! 자, 그럼 오늘 활동과 다음 활동 때 짝이 되어 활동을 해야 하기 때문에 선생님이 짝을 정해 주도록 할게요. ○○○학생은 ○○○대학생 언니와 이동할 거예요. 자, 우선 자리를 짝끼리 옮겨 앉을게요.

☑ 직업의 개념과 의의 및 중요성

① 3회기에서의 일의 소중함과 가치와 연관하여 직업의 개념, 의의, 중요성을 설명한다.

우리는 몇 주 전에 일의 소중함과 가치에 대한 프로그램을 했습니다. 일은 직업이며, 직업은 정당한 보수를 받음으로써 생계를 유지할 뿐만 아니라 자신의 풍요로운 여가생활을 가능하게 해준다고 하였습니다. 그러므로 우리는 안정된 직업을 가지고 그 직업을 통해 보수도 받고, 또 직업을 통해 자신이 하는 일에 대해 보람을 느끼며 자신의 삶의 가치를 느낄 수 있어 행복한 삶을 살 수 있게 됩니다. 사람들은 어떤 직업에 종사하든지 자신이 가지고 있는 능력을 발전시킬 수도 있고, 또 성실히 노력하여 뭔가 이루어내었다는 성취의 보람도 누릴 수 있습니다. 이처럼 일, 직업은 우리 인생에서 매우 중요합니다. 여러분들이 어떤 직업을 가지느냐, 또 그 직업을 통해 어떤 마음가짐을 가지느냐에 따라서 직업이 고역이 될 수 있고 보람의 원천이 될 수도 있습니다. 그렇기 때문에 여러분들의 진로, 직업은 여러분 일생에 커다란 영향을 미치는 아주 중요한 선택입니다.

② Careernet 홈페이지에서 중학생란을 클릭하여 심리검사와 직업정보 등 활용에 대한 개괄적인 설명을 한다.

☑ 자신의 관심분야 직업에 대한 정보탐색

① 대학생 멘토와 함께 Careernet 홈페이지에서 직업사전과 분야별 직업의 세계의 정보, 관련대학 및 학과를 정리해 본다.
② 접속한 사이트의 직업인 인터뷰란에서 자신이 만나게 될 직업인에 대해 살펴본다.
③ 인터뷰 내용을 살펴본다.

[진행자를 위한 Tip]
- 정보를 제대로 접하고 있는지 개별지도 해준다.
- 관심 직업관련 대학생, 직업인과의 인터뷰 내용에 대해 예시를 준다.

☑ 인터뷰 내용 작성하기

① 살펴본 내용을 토대로 자신의 인터뷰 내용(학생자료 9-1)을 작성한다.

② 각자 작성한 인터뷰 내용을 발표하여 다른 사람의 인터뷰 질문 중 내가 빠뜨린 것은 없는지 확인하는 시간을 가진다.

③ 수정된 인터뷰 질문지를 멘토와 함께 완성시킨다.

☑ 마무리

① 일일활동지를 작성하고 활동내용과 함께 진로파일에 정리하여 넣어둔다.

② 과제를 꼭 해올 수 있도록 안내한다.

③ 활동내용을 정리하고 다음 회기에 있을 직업인 만남과 관련하여 주의사항에 대해 설명해 준다.

④ 대학생들과 다과회를 하면서 자연스럽게 대학 학과 및 대학생활에 대해 나누어도 좋다.

[진행자를 위한 Tip]

· 10회기 외부활동에 대해 자세하게 공지한다.

- 학교에서 집합하여, 대학생 멘토와 함께 활동함에 대해 알린다.

- 대학생과 동행 시 관심 직업관련 학과목에 대해, 직업과의 관련 부분 및 대학생활에 대해 나누도록 공지한다.

- 복장 및 차비와 기타 준비물에 대해 공지한다(점심관련 포함).

- 직업인 탐방 장소에 가는 방법을 미리 찾아보고 출력한다.

- 학생들이 수행할 인터뷰 내용과 오리엔테이션 자료를 준비해 둔다.

· 과제(학생자료 10-1):

- 다음 회기 활동 및 인터뷰 내용을 토대로 자신의 진로설계를 해 온다.

- 부모님과 함께 진로설계를 하도록 부모 및 대상자에게 과제를 부여해 준다.

10회기: 나의 관심대학 학과 멘토와 직업인과의 만남
- 직장 방문/진로체험활동 -

구 성		10회기	시간	90분	내용	직업 탐색
목 표		* 1. 대학생 멘토와 함께 관련 학과에 대한 정보를 얻는다. 2. 관심 직업인을 만나 인터뷰를 통해 관련정보를 얻는다. 3. 인터뷰를 통한 정보습득으로 자신의 진로를 재설계한다.				
주요 내용		1. 대학생 멘토와 함께 관심 직업인을 만난다. 2. 관심 직업인이 직업을 가지기까지의 과정에 대해 인터뷰한다. 3. 관심 직업인의 직업에 대한 구체적인 정보를 제공받는다. 4. 인터뷰 내용과 자신이 찾았던 정보 등을 통해 자신의 진로를 재설계한다.				
준비 사항		명찰, 인터뷰지, 필기구, 녹음기, 사진기, 동영상 촬영 관련물품, 진로노트				
활동 내용	도입	1. 자신의 관심분야 관련학과 대학생 멘토와의 동행 1) 공동 집합장소에서 만나서 오리엔테이션을 한다. 2) 관련 내용들에 대해 다시 한 번 더 주지시킨다.				
	전개	2. 각자 관심 분야의 직업인 인터뷰 1) 관심 직업인 인터뷰를 하면서 필기하거나 녹음한다. 2) 대학생 멘토와 함께 진행하며 역할 분담을 한다. 3) 직업인과 대학생 멘토와 함께 기념 촬영을 한다. 3. 귀가 후 인터뷰 내용을 정리 1) 인터뷰 내용을 정리하여 진로노트에 기입한다. 2) 인터뷰 내용과 인터넷 정보검색을 통해 관심 직업에 대해 구체적인 정보를 진로노트에 정리한다.				
	마무리	4. 진로설계 해 보기 1) 귀가 후 진로설계를 인터뷰 내용을 바탕으로 재설계해 본다. 2) 부모님과 함께 진로설계에 대한 의견을 조율하고 진로계획서(학생자료 10-1)를 작성해 온다. 5. 개별 상담 및 평가하기 1) 위 진로 재설계 내용을 담당 사회복지사와 개별상담한다. 2) 직장인방문 관련 활동에 대해 평가하고 소감문을 작성하게 한다. 3) 진로재설계 내용을 부모님과 담임선생님께 전달한다.				

10회기 세부지도안

☑ **준비물:** 명찰, 인터뷰지, 필기구, 녹음기, 사진기, 동영상 촬영 관련물품, 진로노트

[진행자를 위한 Tip]

- 오리엔테이션 자료를 멘토에게 미리 이메일로 발송하여 읽어볼 수 있도록 한다.
- 구성원들이 공동 집합장소에 늦지 않도록 전날 확인한다.
- 오리엔테이션 자료를 나눠주고 대학생 멘토와 구성원들에게 다시 한 번 설명해 준다.
- 활동 내용 및 과정에 대해 구체적으로 설명하며 주지시킨다.
- 직업인에게 출발 전 전화로 출발시간 및 도착예정시간에 대해 알리도록 한다.
- 아침을 먹지 않은 구성원들을 위해 음료 및 다과를 준비해 준다.
- 만나게 될 직업인에게 전할 작은 선물을 준비한다.
  - a. 학생이 직접 감사의 말을 전하면서 전달할 수 있도록 한다.
  - b. 추후 학생의 감사편지와 학교장의 감사의 글을 우편으로 보낼 수 있도록 인터뷰지에 주소를 적어 온다(인터뷰지 표지에 있음).
- 예의를 다 할 것을 한 번 더 당부한다.
- 관심 직업 관련 대학생과 함께 동행하면서 대학생활 및 학과와 직업과 관련한 내용을 나눌 수 있도록 하며 그 내용을 인터뷰란에 기입토록 당부한다.
- 활동 이후 무사히 귀가한 것을 확인하면서, 부모님께 진로설계 과제를 말씀드리고 함께 설계해 보기를 권유한다.
- 활동 후 과제를 가장 잘 해온 3개 팀의 멘티 및 멘토에게 선물을 준다.

찾아가는 직업인터뷰 O.T

○○ 중학교 학교사회복지실
－이 메 일: ******@*****.***
－휴대전화: 01*-****-****

☺ 활동하시면서
1. **사진을 네 장 정도 찍어 주시는 센스!**
1) 디지털카메라가 있다면 디지털카메라로 찍으면 좋고 없으시다면 휴대전화로 찍어도 무방하시나 파일로 전환하셔서 보내 주셔야 한답니다.
2) 사진을 찍는 방법은?
－인터뷰를 시작하기 전 그곳이 어디인지 알 만한 곳에서 한 장
  (예: ○○일보 현판 앞, ○○유치원 입구, ○○베이커리 간판 앞에서 등등)
－인터뷰하는 장면을 한 장(학생과 직업인을 함께)
－활동 후 직업인과 한 장
－인솔해 주신 여러분과 한 장 찍어도 좋겠어요! 셀카도 환영!
3) 찍어 주신 사진은 자원봉사활동 확인서 발급을 위해 주민등록번호, 활동일지 모두 포함하여 위에 적힌 이메일 주소로 보내 주세요.

2. 진행을 도와주시는 센스!
1) 인터뷰 중 학생이 하는 질문이 모호하거나 진행을 잘 하지 못하면 곁에서 도와주시기 바랍니다.
2) 인터뷰지를 잘 작성할 수 있도록 직업인분에게 시간을 좀 여유롭게, 말을 천천히 해주시도록 부탁드려 주세요.
3) 활동이 끝난 후 직업인에게 감사의 말씀을 꼭 전해 주시기 바랍니다.

☺ 활동이 끝나고 난 뒤
1. ○○중학교 앞까지 학생과 함께 와주신 후 저에게 문자 혹은 전화로 연락주세요(예: ○○랑 ○○ 다녀온 ○○○입니다. 버스 타는 것 봤습니다).
2. 아이들에게 집에 꼭 바로 들어가라는 말을 거듭해 주시고 집에 도착 후에 저에게 문자 혹은 전화할 수 있도록 지도해 주세요.

☺ 인터뷰 내용이 좋고 학생의 소감문(+멘토선생님의 활동일지)이 3위 안에 들면 인솔해 주신 선생님과 학생에서 아주 아주 작은 선물이지만 문화상품권이 한 장씩 선물로 있어요!

**황금 같은 주말을 할애해 주셔서 저희 아이들과 함께해 주심에
다시 한 번 감사드립니다.**

찾아가는 직업인터뷰 O.T

○○ 중학교 학교사회복지실
－이 메 일: ******@*****.***
－휴대전화: 01*-****-****

☺ 활동하면서

1. 인솔하시는 선생님의 말씀을 잘 듣습니다. 이동하면서 대학생활이라든지 선생님은 꿈을 이루기 위해 현재 어떤 노력들을 하고 계신지, 관련학과에 관한 정보 등 조언이나 궁금한 것에 대해 많이 이야기 나누세요.

2. 만나게 되는 직업인 분에게 예의를 다해 행동합시다!
－준비된 선물을 전달해 드립니다.
－질문은 또박또박, 질문 내용에 대해 이해가 잘 안 되면 "죄송하지만 다시 한 번 더 말씀해 주시겠습니까?"라고 물어 내용을 명확히 합니다.
－활동이 끝난 후 "감사합니다"란 말씀을 꼭 드리기 바랍니다.

☺ 활동이 끝나고 난 뒤

1. 활동을 잘 마치고 꼭 바로 집으로 귀가합니다.

2. 집에 도착 후 저에게 선생님께 확인 문자, 전화 반드시 하세요!
참고: ○○중학교에 오는 법
1) ○○ 앞에서 ○○역까지 간다.
   (80번, 820번, 67번 버스를 타요/적힌 순서대로 자주 있음)
2) ○○역에서 ○○중학교까지 슝!(27번을 탑니다. 종점이 학교 앞이거든요.)
3) **번을 타면 한 번에 ○○중까지 갈 수 있으나 배차간격이 한 시간이므로 기다려서 타지는 마세요.

☺ 후훗!

1. 활동을 잘 하고 소감문을 우수하게 작성한 팀은 상품이 있습니다.
2. 꼭 위의 약속을 잘 지켜서 좋은 시간이 되길 바랍니다.

오늘도 자신의 꿈을 위해 노력한 당신!
당신은 오늘 꿈에 한 발짝 더 다가설 수 있었습니다!!

자원봉사활동일지
-찾아가는 직업 인터뷰-

일 시	20 . . . : ~ :			
소 속			봉사자명	
방문장소			담당학생명	
활동사진	사진삽입	사진삽입	사진삽입	사진삽입
	사진설명	사진설명	사진설명	사진설명
활동내용				
활동소감				

자원봉사활동 확인서

이 름				
주민등록번호				
소 속				
주 소				
연 락 처				
봉사의 개요	봉사기관명			
	봉사기관 연락처	(주 소)		
		(전화번호)		
	봉사일시	20 . . . : ~ : (총 시간)		
	봉사내용	○○중학생 진로찾기 프로그램 보조진행 및 멘토활동		
	담 당 자	이름	(인)	1급 사회복지사자격증 및 학교복지사 자격증 소지
		연락처		(유)	(무)
		경력	기관명	기간	직책
			○○중학교 학교사회복지실	20**. * ~ 20**. 현재	학교 사회복지사

(4)○ ○ 중학교

수신자   내부결재

(경유)

제목   찾아가는 직업 인터뷰 계획서

1. 20**년 인성교육부 교육계획에 의거하여 찾아가는 직업 인터뷰를 다음과 같이 진행하고자 합니다.

- 다 음 -

가. 목 적: 본인들이 되고자 하는 장래희망을 찾은 학생들이 그 분야에 일하는 전문가를 찾아가 직접 인터뷰를 해 보
     며 롤모델을 제시받고 직업과 관련한 장단점을 탐색하여 자신의 미래비전을 세우도록 함.

나. 대 상: 진로탐색 집단상담 프로그램 '나의 미래를 찾아서'를 이수하고 있는 학교생활부적응 학생 8명

다. 일 시: 201*. *. * (토) 9:00~14:00

라. 내 용: 자원봉사자와 학생이 한 팀이 되어 직업인을 인터뷰하고 인터뷰 내용 및 소감문을 제출함.

마. 예 산(차비: 개인지침)

항 목	산출내역	소요금액
다 과	3,000원×16명(학생 8명+대학생 8명)	48,000원
강화물	우수 3개 팀×문화상품권 5,000원×2명	30,000원
인터뷰 대상자 방문선물	초콜릿 7,000원×8명	56,000원
합 계		134,000원

붙임: 프로그램 계획서 1부. 끝.

○○중학교장

수신자

			결재일 /
기안	부장	교감	교장
협조자	행정실장		

시행   ○○ 중-   (. .)   접수

우   /www.

전화   전송   /   /공개

"Me First, 녹색은 생활이다"

'찾아가는 직업인터뷰' 계획서

1. 목적

진로탐색프로그램을 진행하면서 본인들이 되고자 하는 장래희망을 찾은 학생들이 그 분야에서 일하는 전문가를 찾아가 직접 인터뷰를 해 보며 롤모델을 제시받고 직업과 관련한 장단점을 탐색하여 자신의 미래비전을 세우도록 한다.

2. 개요

▷ 대 상: 진로탐색 집단상담 프로그램 「이제 하고 싶은 일이 생겼어요」를 이수하고 있는 학교생활부적응 학생 8명

▷ 일 시: 201*. *. *(토) 9:00~14:00

시 간	내 용	장 소
09:00	집결	본교 학교사회복지실
09:00~09:30	자원봉사자와 만남 및 O.T	본교 학교사회복지실
09:30~11:00	직업인 인터뷰 장소로 이동	–
11:00~12:00	직업인 인터뷰	직업인의 사무실
12:00~12:30	인터뷰 내용 정리	–
12:30~14:00	이동 및 귀가	본교 정문

▷ 내 용: 자원봉사자와 학생이 한 팀이 되어 직업인을 인터뷰하고 인터뷰 내용 및 소감문을 제출함.

▷ 진 행: 학교사회복지사 ○○○

▷ 직업인 및 인솔자 명단

	학생 명단		직업인 명단		인솔자 명단	
	학년반	이름	이름	소속 및 직업명	이름	대학 및 학과
1						
2						

3					
4					
5					
6					
7					
8					

3. 예산(차비: 개인지참)

항목	산출내역	소요금액
다과	3,000원×16명(학생 8명＋대학생 8명)	48,000원
강화물	우수 3개 팀×문화상품권 5,000원×2명	30,000원
인터뷰 대상자 방문선물	초콜릿 7,000원×8명	56,000원
		134,000원

11회기: 나의 진로목표 및 진로설계 재조정/진로계획 세우기

구 성	11회기	시간	120분	내용	진로 설계
목 표	1. 자신의 진로목표를 재점검한다. 2. 자신의 진로설계를 재점검한다. 3. 자신이 선택한 진로에 대해 정리하고 마무리활동을 한다.				
주요 내용	1. 자신의 진로목표와 재설계한 진로설계에 대해 이야기를 나누며 재점검한다. 2. 그동안의 활동을 진로노트를 토대로 진로신문을 만든다. 3. 진로신문을 통해 자신의 진로를 정리해 본다.				
준비 사항	명찰, 활동지, 풀, 색도화지, 평가지, 필기구, 사진기, 진로노트, 잡지책				
활동 내용	도입	1. 오늘의 프로그램 내용 소개(20분) −자신의 현재 감정을 일일활동지에 작성한다. −직업인 만남 및 직장방문에 대해 소감을 나눈다. −직업인에게 감사편지를 작성한다.			
	전개	2. 진로목표와 진로재설계 내용 나누기(20분) 1) 자신의 진로목표와 재설계된 자신의 진로에 대해 발표한다. 2) 상호지지를 통해 격려한다. 3. 활동내용 발표회 준비하기(40분) 1) 자신의 미래이력서를 작성한다. 2) 콜라주 기법을 활용하여 자신의 미래 모습을 만들어 본다. 3) 활동내용을 발표할 게시물 '나는 이제 이런 일을 할 거야'를 소감문, 진로노트, 사진, 이력서, 직업인터뷰 등의 내용을 토대로 제작한다. 4) 초대할 교우 및 부모님, 선생님, 교장선생님께 초대장을 작성한다.			
	마무리	4. 소감문작성 및 마무리(10분) 1) 활동 내용에 대해 소감문을 작성한다. 2) 다음 회기의 내용에 대해 소개한다. 3) 이번 회기에 만든 초대장을 대상자에게 전달할 수 있도록 지도한다.			

11회기 세부지도안

☑ **준비물:** 명찰, 활동지, 풀, 색도화지, 평가지, 필기구, 사진기, 진로노트, 잡지책

☑ **일일활동지 작성**

－일일활동지(학생자료 11－7)의 내용을 빠짐없이 작성한다.

☑ **직업인 만남 및 직장방문에 대한 소감 나누기 및 감사편지 작성**

> 여러분들 지난 주말에 각자 자신의 관심직업인을 만나고 돌아왔는데요. 대학생 멘토 선생님들께 여러분들이 말도 잘 듣고 예의 있게 행동해 주었다는 이야기를 들었습니다. 모두들 수고가 많았어요. 다들 방문은 어땠나요? 재미있었나요? 어떤 것들을 느낄 수가 있었나요? 한 명씩 이야기해 볼까요? 다녀온 느낌을 정리해 보며 만나고 온 분들께 여러분의 감사한 마음을 전하기 위한 감사편지쓰기를 해보겠습니다.

[진행자를 위한 Tip]

직업인에게 감사편지를 작성할 때에 교장선생님 편지와 함께 실제로 방문했던 분께 우편발송되는 것이니 장난스럽지 않게 쓸 수 있도록 지도한다.

☑ **진로목표설정 및 진로재설계**

① 직업인터뷰를 바탕으로 활동지(학생자료 11－2)를 작성해 보도록 한다.
② 자신의 진로목표와 재설계된 자신의 진로에 대해 발표한다.

[진행자를 위한 Tip]

진행자뿐 아니라 집단구성원끼리 상호지지를 통해 격려하는 분위기를 조성하도록 노력한다. 강점관점으로 피드백을 주며 구성원들의 진로설계가 계획에서 그치는 것이 아니라 구체적으로 행동화할 수 있도록 독려한다.

☑ 활동내용 발표회 준비하기

① 자신의 미래이력서(학생자료 11-3)를 작성한다.

② 콜라주 기법을 활용하여 자신의 미래 모습(학생자료 11-4)을 만들어 본다.

③ 그간 활동했던 소감문, 진로노트, 사진, 이력서, 직업인터뷰 등의 내용을 토대로 활동지(학생자료 11-5)를 완성하여 '나는 이제 이런 일을 할 거야' 게시물을 제작한다.

④ 초대할 교우 및 부모님, 선생님, 교장선생님께 초대장(학생자료 11-6)을 작성한다.

[진행자를 위한 Tip]

- 미래 모습 콜라주 작업 시 사용할 수 있도록 지난 잡지책을 미리 구해 두고 구성원들이 관련된 내용을 오려 붙일 수 있게 한다.

- '나는 이제 이런 일을 할 거야' 게시물 예시를 통해 학생들의 이해를 돕도록 하는 것이 좋다.

- 초대장을 만들 때에는 꼭 들어가야 하는 내용(초대이유, 감사의 말, 일시, 장소 등)이 빠지지 않도록 미리 내용을 공지시키도록 한다.

☑ 마무리

① 일일활동지를 작성하고 활동내용과 함께 진로파일에 정리하여 넣어둔다.

② 활동내용을 정리하고 다음 회기에 있을 발표회를 위해 초대장을 꼭 전달할 수 있도록 지도한다.

[진행자를 위한 Tip]

- 종결 시 진행될 사항들에 대해 공지한다.

- 교장선생님께(혹은 교감선생님) 종결 시, 수료증을 증정해 주실 것을 부탁드린다.

- 담임선생님이 함께 참석하셔서 수료증 전달을 보시고 적극적인 지지와 종결에 대해 칭찬을 해주도록 요청한다.

12회기: 마무리 및 총평가

구 성	14회기	시간	120분	내용	종결
목 표	1. 총 프로그램의 참여과정을 정리한다. 2. 진로탐색 프로그램을 통해 자신의 진로를 설계하고 선택한다.				
주요 내용	1. 총 프로그램의 참여 과정을 정리한다. 2. 프로그램 참여 총 소감문을 작성한다. 3. 진로관련 사후검사를 실시한다.				
준비 사항	명찰, 사후설문지, 필기구, 사진기, 선물, 수료증, 사진기, 진로노트				
활동 내용	도입	1. 오늘의 프로그램 소개			
	전개	2. 총 프로그램의 참여과정 정리(20분) 1) 프로그램의 전 과정을 총정리한다. 2) 기억에 남는 내용들을 나눈다. 3. 나의 꿈에 날개를 달자(30분) 1) 자신의 꿈을 실현하기 위해서 준비해야 할 것이 무엇인지 재점검한다. 2) 자기소명서를 작성하여 주변 사람에게 사인을 받는다. 3) 자기소명을 실현하기 위한 자성예언을 본인이 선택하여 3개씩 외우고 집단구성원 앞에서 큰 소리로 외친다. 4. 마무리 및 사후설문지 작성(30분) 1) 전체 프로그램의 종결을 알린다. 2) 사후설문지를 작성한다.			
	마무리	5. 수료증 증정 및 다과회(30분) 1) 초대한 친구와 담임교사, 교장선생님이 참석하여 종결을 축하해 준다. 2) 최우수상, 우수상 등 프로그램 관련 상을 수여한다. 3) 교장선생님이 구성원에게 수료증을 전달한다. 4) 단체기념촬영을 하고 종결한다. 5) 담임선생님, 친구들과 함께 다과회를 한다.			

12회기 세부지도안

☑ **준비물:** 명찰, 사후설문지, 필기구, 사진기, 선물, 수료증, 사진기, 진로노트

☑ **이번 회기 내용 소개**

> 두둥! 오늘 대망의 12회기를 맞이함으로써 「이제 하고 싶은 일이 생겼어요」를 마무리하는 시간이 찾아왔습니다.
> 오늘은 지난 12회기를 되돌아보며 다시금 정리해 보는 시간을 가지고요. 잠시 후 4시에는 여러분이 초대한 친구들과 선생님, 교장선생님이 함께하시는 수료증 수여 및 다과회도 있을 예정입니다.

☑ **총 프로그램의 참여과정 정리**

① 프로그램의 전 과정을 총정리한다.

> 숨 가쁘게 달려온 시간을 한번 정리해볼까요?
> 1회기: 처음 만나 어색하기도 하고 두근두근하기도 했던 마음을 자기소개, '당신은 당신의 이웃을 사랑합니까?' 게임도 하고 우리들의 약속도 정하며 친해지는 시간
> 2회기: 유치원 시절부터의 자신의 연혁기를 만들고 강점왕을 선발해 보며 자신의 잠재력을 탐색해 보는 시간
> 3회기: 빙고게임을 통해 직업의 변천을 생각해 보고 다른 학생들이 만든 UCC를 통해 일의 소중함과 보람을 나누는 시간
> 4회기: 직업행복의 조건 UP & DOWN 게임과 가치관 경매를 통해 자신이 직업을 통해 구현하고자 하는 가치에 대해 생각해 보는 시간
> 5회기: 미리 해온 심리검사를 바탕으로 진로파일을 만들며 신체 및 성격, 흥미, 적성 등을 고려한 진로선택하는 방법을 배워보는 시간

6회기: 자신의 의사결정의 유형을 알아보고 합리적 의사결정방법을 배워 실제 생활에 어떻게 응용될 수 있는지 함께 토의했던 시간

7회기: 친구들을 초청하여 대인관계 기술을 함께 배우고 친구의 진로도우미가 되어주었던 시간

8회기: 학교생활의 중요성과 진로와의 연관성을 토론하고 담임선생님을 초청하여 선생님의 진로탐색과정에 대해 공유하였던 시간

9회기: 관심직업의 정보탐색 및 질문지 작성 등을 통해 직업인터뷰를 준비하고 기대했던 시간

10회기: 대학생 멘토들과 외부로 나가 관심직업인의 직장으로 찾아가 실제적인 이야기를 들었던 찾아가는 직업인터뷰

11회기: 진로목표 및 진로를 재설계하여 '나는 이제 이런 일을 할 거야' 게시물 제작을 하며 오늘 발표회를 준비하는 시간

12회기: 마지막 회기로서 그동안의 시간을 정리하고 자기소명서, 자성예언을 통해 자신의 꿈에 날개를 다는 시간을 갖도록 할 예정입니다.

[진행자를 위한 Tip]

진로노트를 한 장씩 펼쳐 보며 지난 두 달간의 활동에 대해 학생들이 생각할 수 있는 여유를 준다.

② 각자 기억에 남는 내용과 이유에 대해 들어본다.

☑ 나의 꿈에 날개를 달자

① 자신의 꿈을 실현하기 위해서 준비해야 할 것이 무엇인지 재점검한다.

② 자기소명서(학생자료 12-1)를 작성하여 주변 사람에게 사인을 받는다.

③ 자기 소명을 실현하기 위한 자성예언(학생자료 12-2)을 본인이 선택하여 3개씩 외우고 집단구성원 앞에서 큰 소리로 외친다.

- 진지한 분위기에서 소명서를 작성하도록 한다.
- 구성원들이 자성예언을 낭독할 때도 지지와 칭찬을 보내며 박수를 쳐 준다.

☑ **마무리 및 사후설문지 작성**

① 전체 프로그램의 종결을 알린다.

> 12회기 동안 열심히 참여해 준 우리 친구들 너무 고맙습니다.
> 아마 스스로가 생각해 볼 때에도 후회 없는 시간들이었을 것이라고 생각합니다.
> 우리는 이제 미래로 나아가는 한 걸음을 뗀 것이라 이야기 할 수 있을 듯 해요. 앞으로 성인이 되기까지 많은 시간을 보내며 지금 정한 장래희망이 아닌 다른 직업을 선택하게 될 수도 있습니다. 하지만 그러할 때에 12회기까지 배운 내용을 바탕으로 선택해 본다면 앞으로의 선택 역시 후회 없는 선택이 될 것입니다.
> 진로선택은 완성이 있는 것이 아니라 만들어가는 것이라고 생각합니다. 누군가에게 끌려 가는 삶이 아닌 주도적으로 본인이 하고 싶은 방향을 향해 힘차게 나아갈 여기 8명의 친 구들을 모두 응원하며 여러분과 함께해서 행복했다는 이야기를 하고 싶습니다. 우리 모 두 파이팅!

② 사후설문지를 작성한다.

[진행자를 위한 Tip]

사후설문지 작성 또한 사전설문지와 같이 시간을 많이 요하므로 종결 전 시간을 할애 받아서 반 정도를 미리 작성하도록 한다.

☑ **수료증 증정 및 다과회**

① 초대한 친구와 담임교사, 교장선생님이 참석하여 종결을 축하해 준다.

② 최우수상, 우수상, 출석왕, 매너상 등 프로그램 관련하여 학생에게 맞는 상을 수여한다.

③ 구성원에게 수료증을 전달한다(교장선생님).

④ 단체기념촬영을 하고 종결한다.

⑤ 담임선생님, 친구들과 함께 다과회를 한다.

[진행자를 위한 Tip]

- 담임교사와 친구가 마무리 시간에 맞춰 방문하여 종결을 축하하여 준다.
- 교장선생님이 꼭 참석하셔서 수료증(학교장 직인)을 수여하도록 한다.
- 교장선생님 참석이 불가능할 경우, 교감선생님이나 부장이 수여하도록 한다.
- 담임교사의 참석을 요청하여 활동 종결에 대해 칭찬과 지지를 보내도록 한다.
- 프로그램에 함께 참여했던 친구도 초청하여 함께 종결의 의미를 갖는다.
- 사후 1~2회기 정도 추수 모임 일정을 계획하여, 활동 변화에 따른 지속화와 지지에 대한 기회를 마련한다. 또한 구성원별 개별 사례관리를 지속하여 병행한다.

Ⅱ. 학생용

1회기: 오리엔테이션 -기대되는 첫 모임-

이름표 만들기♫

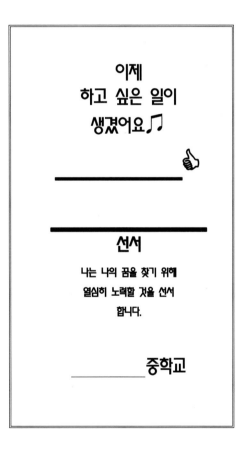

Let me introduce myself!

당신은 누구십니까 ?

나의 애칭 혹은 별명

우리 가족 소개

내가 좋아하는 과목

내가 좋아하는 음식

내가 좋아하는 연예인

내가 닮고 싶은 사람

이 시간을 통해 배우고 싶은 점

그 외 소개하고 싶은 한마디!

나는 약속합니다

약속	1 회기	2 회기	3 회기	4 회기	5 회기	6 회기	7 회기	8 회기	9 회기	10 회기	11 회기	12 회기
진로프로그램 활동 시 휴대전화를 사용하지 않는다												
선생님 말씀에 집중한다												
항상 내 꿈에 대해 고민한다												
친구들과 협동하여 활동한다												

나 __김○○__ 은(는) 진로프로그램에 적극적인 태도와 마음가짐으로 성실히
참여하며 위와 같은 약속을 지킬 것을 서약합니다.
만약 약속을 지키지 않았을 때에 __(자신이 정한 벌칙)__ 하겠습니다.

예시 1. 남아서 뒷정리를 혼자
   2. 일주일간 심부름을
   3. 추가 활동지(숙제)
   4. 교사 칭찬스티커 5개 받아오기
   5. 부모님 칭찬사인 5개 받아오기 등······.

나는 약속합니다

약속	1 회기	2 회기	3 회기	4 회기	5 회기	6 회기	7 회기	8 회기	9 회기	10 회기	11 회기	12 회기

나 _____은(는) 진로프로그램에 적극적인 태도와 마음가짐으로 성실히
참여하며 위와 같은 약속을 지킬 것을 서약합니다.
만약 약속을 지키지 않았을 때에 _____하겠습니다.

2010. . .

작성자 _____

확인자 _____

*^^오늘의 표정을 찾아주세요.^^*

-그림으로 표현하는 나-

매 회기마다 아래의 표정으로 자신의 감정 표현

[활동시작 전 감정표현 활동 및 일일평가지]

201 . . .	(1) 회기	이 름:

1. 나의 기분과 모습

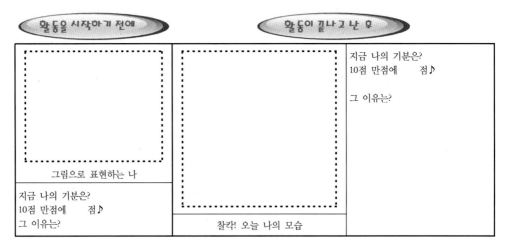

활동을 시작하기 전에

활동이 끝나고 난 후

그림으로 표현하는 나

지금 나의 기분은?
10점 만점에   점♪
그 이유는?

찰칵! 오늘 나의 모습

지금 나의 기분은?
10점 만점에   점♪

그 이유는?

2. 이번 회기 프로그램에 대한 평가

내용	매우 그렇지 않다	대체로 그렇지 않다	보통 이다	대체로 그런 편이다	매우 그렇다	* 좋았던 점과 싫었던 점은?
오늘 프로그램이 나에게 도움이 되었다.						
나는 오늘 프로그램에 열심히 참여했다.						* 프로그램을 마치며 소감!! (자세히, 성심성의껏^^*)
오늘 프로그램을 통해 앞으로 프로그램이 어떻게 진행될지에 대해 이해하게 되었다.						
오늘 프로그램을 통해 참여한 친구들을 알 수 있는 시간이 되었다.						
오늘 친구들 간의 대화, 의견발표, 친구의 의견 듣기를 잘 하였다.						

진경's HISTORY ‖ (예시)

유치원 시절의 나 —양보를 배우다(1992. 9. 17.)

9월 17일은 나의 생일이다. 생일날 강원도에서 파견근무를 하시던 아빠에게서 선물이 도착했다. 그때 모두가 가지고 싶어 했던 '똘똘이인형.' 나는 너무너무 기분이 좋았다. 하지만 동생이 '내 거 할래' 하며 엉엉 울자 나는 언니로서 동생에게 태어나서 처음으로 양보를 했다. "진원아, 울지 마. 너 가져. 언니는 인형 필요 없어!" 그렇게 나의 생일날 똘똘이 인형 대신 동생에게 양보하는 마음을 배우게 되었다.

사진 혹은 그림

초등학교 시절의 나 —나의 숨겨진 재능(1996. 10.)

왼손잡이였던 나는 오른손잡이가 되고 싶어서 서예학원을 다니기 시작했다. 오른손잡이가 되고 싶어 다닌학원에서 재미를 느끼고 4년의 시간 동안 서예와 한문을 배웠고, 그 결과 나는 전국서예대회에서 입상도 하고, 한문경시대회에서도 우수한 성적을 얻을 수 있었다. 오른손잡이가 돼보려고 찾았던 서예학원에서 나는서예에 대한 재미와 재능을 발견하는 계기가 되었다. 그리고 나는 오른손잡이도 아닌 왼손잡이도 아닌 양손잡이가 되었다.

사진 혹은 그림

중학생이 된 지금의 나 —나는 누구니?

나는 초등학교 때부터 운동을 해왔다.
그래서 나의 꿈은 국가대표선수였다. 나는 평상시처럼 운동을 하고 있던 어느 날, 다리에 이상이 생겨 병원에 가게 되었고, 검사결과 운동을 할 수 없다는 진단을 받았다. 그 후 나는 방황을 하기 시작하였고, 내가운동 이외에 잘하는 것이 무엇인지 고민하게 되었다.

사진 혹은 그림

2회기: 내 안의 나를 보아요 1

_____'S HISTORY

유치원 시절의 나

초등학교 시절의 나

중학생이 된 지금의 나

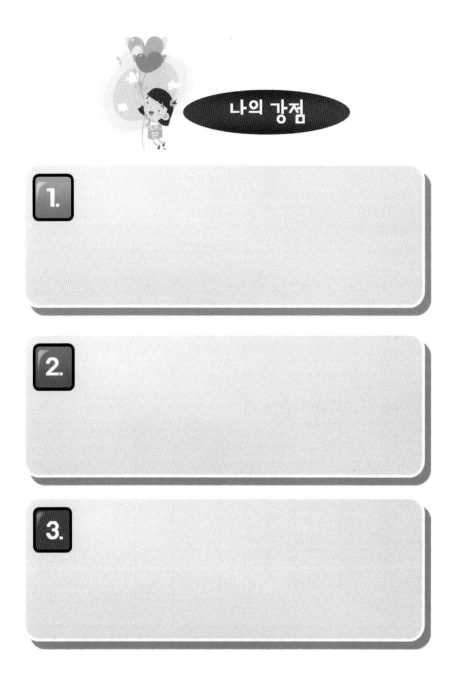

나의 강점

1.

2.

3.

[활동시작 전 감정표현 활동 및 일일평가지]

201 . . .	(2) 회기	이 름:

1. 나의 기분과 모습

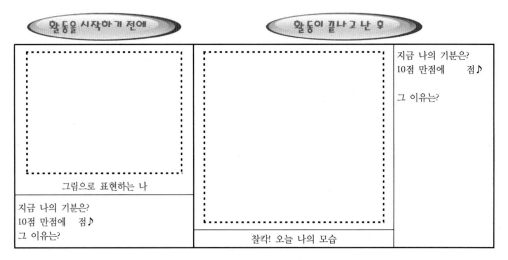

활동을 시작하기 전에

그림으로 표현하는 나

지금 나의 기분은?
10점 만점에   점♪
그 이유는?

활동이 끝나고 난 후

찰칵! 오늘 나의 모습

지금 나의 기분은?
10점 만점에   점♪

그 이유는?

2. 이번 회기 프로그램에 대한 평가

내용	매우 그렇지 않다	대체로 그렇지 않다	보통 이다	대체로 그런 편이다	매우 그렇다	* 좋았던 점과 싫었던 점은?
오늘 프로그램이 나에게 도움 이 되었다.						
나는 오늘 프로그램에 열심히 참여했다.						* 프로그램을 마치며 소감!! (자세히, 성심성의껏^ ^*)
오늘 프로그램을 통해 나를 이 해하는 시간이 되었다.						
오늘 프로그램을 통해 나의 강 점을 알아보는 시간이 되었다.						
오늘 친구들 간의 대화, 의견 발표, 친구의 의견 듣기를 잘 하였다.						

3회기: 일의 소중함과 보람에 대한 나의 생각

직업의 변천사 사전
사라진 직업 탐색

1. 뱃사공: 배를 부리는 일을 직업으로 하는 사람
2. 버스 안내양: 버스에서 승객에게 하차지를 안내하는 일을 직업으로 하는 사람
3. 문선공: 인쇄소에서, 원고대로 활자를 골라 뽑는 사람
4. 식모: 남의 집에 고용되어 주로 부엌일을 맡아 하는 여자
5. 하녀: 사삿집이나 여관 따위에 고용되어 부엌일이나 허드렛일을 맡아서 하는 여자 하인
6. 굴뚝청소부: 남의 굴뚝을 청소해 주는 일을 하는 사람
7. 전화교환원: 자석식(磁石式)·공전식(共電式)과 같은 수동식 교환기 조작 요원
8. 숯장이: 숯 굽는 일을 하는 사람
9. 성냥팔이: 길 위에서 성냥을 판매하며 다니는 사람
10. 똥장군: 인력으로 똥을 옮겨가 치워주는 일을 하는 사람
11. 방물장수: 여자들의 일상생활에 필요한 물건을 팔러 다니던 행상
12. 야경꾼: 밤사이에 화재나 범죄가 없도록 살피고 지키는 사람
13. 머슴: 농가에 고용되어 농사뿐만 아니라 주인집 가사노동까지 담당하는 농촌 노동자
14. 엿장수: 엿을 파는 사람
15. 마부: 말이나 소를 길을 잘 들여 부려 먹는 사람
16. 지게꾼: 지게로 짐 나르는 일을 업으로 하는 사람
17. 전당포 업자: 물건을 맡고 판매해 주는 일을 하는 사람
18. 식자공: 활자를 원고대로 조판하는 사람
19. 넝마주이: 넝마나 헌 종이, 빈 병 따위를 주워 모으는 일을 하는 사람
20. 행상인: 지방을 다니면서 물품을 판매하는 사람
21. 물장수: 식수(食水)를 팔거나 길어다 주는 일을 업으로 삼는 사람
22. 추노: 외거노비(外擧奴婢)에게 신공(身貢)을 징수(徵收)하던 일을 하는 사람
23. 신문팔이: 길에서 신문을 파는 일 또는 그런 사람
24. 대장장이: 전투의 필수품이라 할 수 있는 무기를 만들어 내는 직업
25. 인력거꾼: 마차를 끌고 다니며 인력으로 사람을 옮겨주는 일을 하는 사람
26. 아이스께끼 장사원: 아이스크림을 통에 넣어 돌아다니며 판매하는 사람
27. 타이피스트: 타자수
28. 필경사: 글씨는 쓰는 일을 업으로 하는 사람
29. 땜장이: 깨진 솥이나 항아리 등을 땜질하여 고쳐주는 사람
30. 기생: 노래 또는 풍류로 주연석(酒宴席)이나 유흥장에서 흥을 돋우는 일을 직업으로 하는 사람
31. 우산수리공: 우산을 수리해 주는 일을 하는 사람
32. 방물장수: 방문하여 물건을 판매하는 사람
33. 고물장수: 고물을 걷어 모으는 직업을 가진 사람
34. 석유배달원: 석유를 배달해 주는 사람
35. 나무꾼: 땔나무를 하는 사람
36. 연탄배달원: 연탄을 나르는 일을 하는 직업을 가진 사람
37. 소금장수: 소금을 파는 일을 업으로 하는 사람
38. 개장수: 개를 사고파는 사람

39. 접골사: 골절 치료하는 것을 전문적으로 하는 사람
40. 광부: 광산에서 광물을 캐는 일을 직업으로 하는 사람
41. 칼 가는 사람: 칼을 갈아주는 일을 업으로 하는 사람
42. 궁녀: 궁중에서 대전, 내전을 모시는 일을 하던 여인
43. 사사이발사: 집으로 방문하여 이발을 해주는 사람
44. 보부상: 상품집산지에서 구입한 일용 잡화물을 지방의 시장을 돌아다니면서 소비자에게 파는 사람
45. 간판 그리는 사람: 영화나 큰 간판을 사람이 손으로 그려주는 일을 하는 사람
46. 학교소사: 학교에서 허드렛일을 도와주는 일을 담당하는 직업
47. 얼음장수: 얼음을 보급하고 그에 따른 대가를 받는 장사꾼
48. 전차운전사: 전차에 탑승하여 운전하는 일을 도맡아 하는 사람
49. 라디오 조립원: 라디오를 조립이나 수리해 주는 일을 하는 사람
50. 타자수: 타자하는 일을 직업으로 하는 사람

직업의 변천사 사전
현재 or 유망 직업 탐색

1. 식물치료사: 식물에게 이상이 있을 때 치료해 주는 식물 전문가
2. 수질전문가: 물의 품질에 대해 지식이 풍부한 직업인
3. 심리카운슬러: 심리에 대하여 상담해 주는 심리학 전문인
4. 웹마스터: 웹서버 구축 및 관리와 홈페이지 운영 전반에 걸쳐 실무적인 책임을 가진 사람
5. 사이버수사대: 온라인상에서의 경찰의 역할을 하는 업무
6. 보석감정사: 보석의 진품여부와 가치를 평가하여 품질에 따라 등급을 매기는 사람
7. 정보처리사: 정보처리 능력 자격증을 취득한 전문가
8. 광고디자이너: 광고에 대한 문구, 디자인을 연구하는 사람
9. 인터넷쇼핑몰운영자: 온라인을 통해 쇼핑몰을 운영하는 직업
10. 스포츠강사: 스포츠를 주된 목적으로 한 분야를 가르치는 전문인
11. 임상심리학자: 임상 현장에서 정신과 환자를 이해하고 치료하는 데 직접적인 도움을 줄 수 있는 직업
12. 호스피스: 죽음을 앞둔 환자에게 평안한 임종을 맞도록 위안과 안락을 최대한 베푸는 봉사활동
13. 큐레이터: 박물관 및 미술관에서 재정확보, 유물의 보존 관리, 자료의 전시, 홍보활동을 하는 사람
14. 웹디자이너: 인터넷 홈페이지를 디자인하고 웹사이트를 구축하는 작업을 하는 사람
15. 커플매니저: 결혼정보회사에 소속되어 고객에게 가장 어울리는 배필을 찾아 주는 일을 하는 사람
16. 코디네이터: 의상, 화장, 액세서리 따위를 전체적으로 조화롭게 갖추어 꾸미는 일을 전문적으로 함
17. 프로게이머: 컴퓨터 네트워크에서 벌어지는 게임대회에 출전하는 사람
18. 언어치료사: 말로 다친 사람의 마음을 치료하는 의사
19. 세라믹연구원: 세라믹에 대해 연구, 분석을 주된 목적으로 하는 사람
20. 아이디어중개업: 아이디어를 갖고 있는 창조자와 제품화하고자 하는 사업자를 연결해 주는 역할
21. 조향사: 각종 향기와 냄새를 혼합해서 새롭고 독특한 향기를 만들어내는 일을 함
22. 투자상담사: 고객을 상대로 투자에 관해 조언하는 사람
23. 웨딩플래너: 신랑 신부의 일정관리와 각종 절차를 대행해 주는 전문 직종
24. 사이버 기상캐스터: 인터넷을 통해 날씨를 만들어 제공하는 캐스터
25. 펀드매니저: 보험사나 은행 등에서 자산운영을 담당하는 전문가
26. 정서장애 특수교사: 정서적으로 불안한 아이들을 가르치는 교사
27. 플로리스트: 꽃을 상업적으로 이용해 부가가치를 창출하는 전문직 종사자
28. 게임 시나리오작가: 게이머들의 흥미요인을 읽어 게임 제작을 위한 게임시나리오를 작성하는 사람
29. 성우: 목소리로 연기를 하는 사람
30. 홈쇼핑 쇼호스트: 홈쇼핑 전문 채널에서 쇼핑관련 프로그램을 진행하는 전문직
31. 네일아트: 손톱, 발톱의 미용이나 디자인을 하는 사람
32. 텔레마케터: 전화를 통해 구매자에게 상품홍보와 판매활동을 하는 사람
33. 푸드코디네이터: 음식제품을 기획·연출하는 사람. TV, 영화, 잡지, 광고 등에서 음식을 맛깔스럽게 형상화하는 작업을 함
34. 베타테스터: 컴퓨터부품이 출시되기 전 사전점검하여 사용상의 문제점 및 보완점을 조치하는 일을 함
35. 바리스타: 즉석에서 커피를 전문적으로 만들어 주는 사람
36. 방송작가: TV프로의 대본을 써주는 사람
37. 게임테스터: 전문적으로 게임을 시험해 보는 사람으로서 오류, 버그, 미처 잡아내지 못한 것들을 찾아 알려줌
38. 뉴스클리퍼: 하루하루의 뉴스를 클리핑해서 원하는 고객에게 제공해 주는 사람
39. 네이미스트: 고객으로부터 의뢰받아 기업이나 상품의 이름을 지어주는 일을 하는 사람
40. 만화가 매니저: 작가의 작품이 창출한 캐릭터를 상업화시키는 일을 담당하는 사람
41. 모빌DJ: 이벤트 행사장에서 자신이 소장한 CD를 이용해 분위기 있는 음악을 코디해 주는 사람
42. 미스터리쇼퍼: 매장의 상황을 파악하기 위해 손님으로 가장하고 방문해 매장의 평점을 매기는 사람
43. 소믈리에: 와인을 품목선정과 와인리스트 작성, 와인의 보관과 관리를 책임지는 일을 하는 사람
44. 캐릭터 엠디: 만화영화의 캐릭터 제작 방향을 책정하거나 외국캐릭터를 수입하며, 구체적으로 각종 모형 및 도구를 사용하여 특성 있는 캐릭터를 디자인하는 일을 하는 사람

Bingo Game

직업빙고 게임 규칙 설명
1. '<u>변천사 사전</u>'의 직업이름으로 빙고를 작성해 주세요.
2. 먼저 4줄을 완성하여 '빙고'를 외치면 승리입니다.

☀소중함 사전

나의 꿈(직업)/학교/가정의 소중함이란?

소중 - 하다 *所重* **- - *[발음: 소·중·하다]* 「~이」 매우 귀중하다.**

[예시]
나의 꿈(직업)의 소중함이란?
나의 꿈(직업)은 다른 사람에게 멋져 보이려고 노력하는 꿈(직업)이 아니라 만족스러운 나를 찾을 수 있는 가치있고 소중한 것.
내가 생각하는 소중하다의 뜻이 무엇인지 여러분이 직접 나의 꿈(직업), 학교, 가정의 뜻을 정의해 주세요.

나의 꿈(직업)의 소중함이란?

나의 학교생활의 소중함이란?

나의 가정의 소중함이란?

[활동시작 전 감정표현 활동 및 일일평가지]

2010. . .	(3) 회기	이 름:

1. 나의 기분과 모습

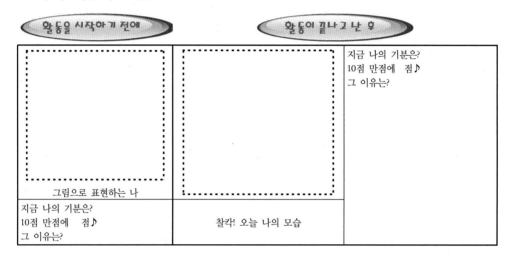

활동을 시작하기 전에 / 활동이 끝나고 난 후

그림으로 표현하는 나	지금 나의 기분은? 10점 만점에 점♪ 그 이유는?
지금 나의 기분은? 10점 만점에 점♪ 그 이유는?	찰칵! 오늘 나의 모습

2. 이번 회기 프로그램에 대한 평가

내용	매우 그렇지 않다	대체로 그렇지 않다	보통 이다	대체로 그런 편이다	매우 그렇다	* 프로그램의 좋았던 점과 싫었던 점은?
오늘 프로그램이 나에게 도움이 되었다.						
나는 오늘 프로그램에 열심히 참여했다.						* 프로그램을 마치며 소감!! (자세히, 성심성의껏^^*)
오늘 프로그램을 통해 일의 소중함과 보람에 대해 알게 되었다.						
오늘 프로그램을 통해 직업의 변천사에 대해 알게 되었다.						
오늘 친구들 간의 대화, 의견발표, 친구의 의견 듣기를 잘 하였다.						

4회기: 내 안의 나를 보아요 2

유 형 (별칭)	성격 특징	적 성	전 공	직 업
R (실재형) 뚝딱이	솔직하고, 성실하고, 검소하며, 신체적으로 건강하고, 소박하고, 말이 적으며, 기계적 적성이 높다.	기계능력은 있으나 대인관계능력이 부족하다.	공과대학, 기계공학과, 전자공학과, 화학공학과, 농과대학, 축산대학, 컴퓨터공학	기술자, 소방대원, 농부, 동물전문가, 요리사, 목수, 피아노조율사, 운전기사, 어부, 엔지니어, 기계기사, 정비사, 전기기사, 운동선수, 건축가, 도시계획가
I (탐구형) 따지기	탐구심이 많고, 논리적·분석적·합리적이며, 지적 호기심이 많고, 수학적·과학적 적성이 높다.	학구적, 지적 자부심은 높으나 지도력, 설득력이 떨어진다.	자연대학, 의과대학, 화학과, 생물학과, 수학과, 천문학과, 사회학과, 심리학과, 유전공학과	과학자, 발명자, 학자, 물리학자, 천문학자, 수학교사, 비행기조종사, 의사, 생물학자, 화학자, 수학자, 저술가, 지질학자, 편집자
A (예술형) 튀는 아이	상상력이 풍부하고, 감수성이 강하며, 자유분방하며 개방적이고, 예술에 소질이 있으며 창의적 적성이 높다.	미술과 음악적 능력은 있으나 사무기술이 부족하다. 체계적 구조적 활동에 흥미가 없다.	예술대학, 음악, 미술, 도자기 공예과, 연극영화과, 국문학과, 영문학과, 무용과	예술가, 화가, 연예인, 가수, 예술가, 시인, 무용가, 조각가, 작가, 소설가, 디자이너, 연극인, 음악평론가, 만화가
S (사회형) 수다쟁이	다른 사람에 친절하고 이해심이 많고, 남을 도와주려고 하고, 봉사적이며, 인간관계 능력이 높으며, 사람들을 좋아한다.	사회적, 교육적, 지도력과 대인관계 능력은 있으나 기계적, 체계적 능력은 부족하다.	사회복지학과, 사범대학, 교육학과, 심리학과, 가정학과, 간호학과, 재활학과, 레크리에이션학과	교사, 임상치료사, 사회복지사, 유치원 교사, 스튜어디스, 학교 교장, 외교관, 응원단원, 대학 교수, 양호교사, 간호사, 청소년지도자, 종교지도자, 상담자, 사회사업가
E (기업형) 나서기	지도력과 설득력이 있으며, 열성적이고, 경쟁적이고 야심적이며, 외향적이고 통솔력이 있으며, 언어적성이 높다.	적극적, 사회적이며, 언어능력은 있으나 과학적 능력 체계적 능력이 부족하다.	경영학과, 경제학과, 정치외교학과, 법학과, 무역학과, 사관학교, 정보학과, 보험관리과	정치가, 기업경영인, 광고인, 영업사원, 보험 사원, 관리자, 공장장, 판매관리사, 매니저, 탐험가, 변호사, 영화감독, 아나운서, 사업가, 사회자(MC), 여행안내원, 자동차 판매원
C (관습형) 꼼꼼이	책임감 있고, 빈틈이 없으며, 조심성 있고, 변화를 좋아하지 않으며, 계획성 있고, 사무능력과 계산능력이 높다.	사무적이고 계산적이며 정확성은 있지만 탐구적 독창성이 부족하다.	회계학과, 무역학과, 행정학과, 도서관학과, 컴퓨터학과, 세무대학, 정보처리학과, 법학과	회계사, 세무사, 경리사원, 은행원, 법무사, 공무원, 회사원, 경비원, 약사, 비서, 우체국 직원, 통역사, 보디가드

출처: 2007 학생상담자원봉사자 심화연수 교재(김봉환 숙명여자대학교 교수) 중 보완

〈가치관 경매시장〉

이 름:

돈을 가장 많이 주고 사려고 한 순위	돈을 가장 많이 주고 산 것 순위

번호	내가 갖고 싶은 것	순위	예산금	구입액
1	새로운 지식이나 아이디어를 구상할 수 있는 일(I)			
2	다른 사람의 복지를 위해 공헌할 수 있는 기회(S)			
3	오랜 기간 일할 수 있는 안정성(C)			
4	독창적인 일을 하는 것(A)			
5	통솔력 있는 지위와 영향력을 가지는 일(E)			
6	새로운 기계를 사용하는 일(R)			
7	국제적인 명성과 인기를 얻는 일(E)			
8	보고 싶은 책들을 살 수 있는 상품권(I)			
9	선생님과 부모님 말씀 잘 듣는 것(C)			
10	신체적 질병이 없이 오래 사는 것(R)			
11	편견이 없는 세상(S)			
12	원하는 것을 할 수 있는 자유(A)			

직업가치관 UP & DOWN
(14가지 중 내가 얻을 수 있는 가치관은?)

직업가치관	UP & DOWN	
	Up & Down	Why?
월급		
복리후생		
업무결정권		
안정성		
업무량		
유연성		
작업환경		
자기개발기회		
신기술		
흥미		
교육훈련		
대인관계		
도전		
인정		

[활동시작 전 감정표현 활동 및 일일평가지]

201 . . .	(4) 회기	이 름:

1. 나의 기분과 모습

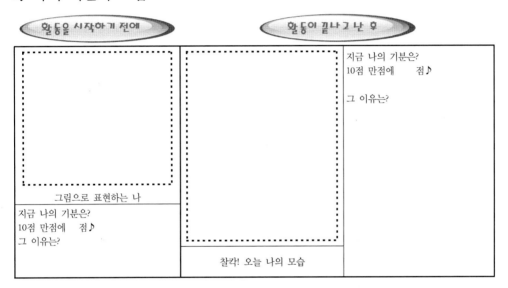

활동을 시작하기 전에

그림으로 표현하는 나

지금 나의 기분은?
10점 만점에   점♪
그 이유는?

활동이 끝나고 난 후

지금 나의 기분은?
10점 만점에   점♪

그 이유는?

찰칵! 오늘 나의 모습

2. 이번 회기 프로그램에 대한 평가

내용	매우 그렇지 않다	대체로 그렇지 않다	보통 이다	대체로 그런 편이다	매우 그렇다	* 좋았던 점과 싫었던 점은?
오늘 프로그램이 나에게 도움이 되었다.						
나는 오늘 프로그램에 열심히 참여했다.						* 프로그램을 마치며 소감!! (자세히, 성심성의껏^ ^*)
오늘 프로그램을 통해 직업의 가치관에 대해 알게 되었다.						
오늘 프로그램을 통해 나의 가치관에 대해 알게 되었다						
오늘 친구들 간의 대화, 의견발표, 친구의 의견 듣기를 잘 하였다.						

[5회기 과제물 안내문]

5회기 활동의 궁금증을 알아보기♂

커리어넷
(http://www.careernet.re.kr)
회원가입 후 중학생용
직업적성, 흥미, 가치관 3가지
검사를 통해 5회기 활동에 대해
추측을 해 본다.
5회기 활동의 궁금증을 누가
제일 먼저 알아올지
기대할게요~☀

5회기: 나의 신체 & 성격 & 홍미 & 적성과 직업

[학생자료 5-1]

나의 진로 Profile

이름:

직업적성 검사결과	1. 상대적으로 가장 높게 나온 능력은 무엇인가요? 2. 가장 높게 나온 능력과 관련된 직업군들 중 마음에 드는 직업 5가지를 순서대로 적어보세요. ① ④ ② ⑤ ③
직업가치관 검사결과	1. 자신이 중요하게 생각하는 가치관은 무엇인가요? 2. 위의 가치를 충족시킬 확률이 높은 직업들 중 마음에 드는 직업 5가지를 순서대로 적어보세요. ① ④ ② ⑤ ③
직업홍미 검사결과	1. 가장 높은 홍미를 나타내는 분야는 무엇인가요? 2. 가장 높은 홍미를 나타내는 분야의 직업군 중에서 마음에 드는 직업군 5가지를 순서대로 적어보세요. ① ④ ② ⑤ ③

진로성숙도 검사결과

도표를 보고 해당 결과에 맞게 구분(영역)을 적어보세요.

성 숙 도	상	
	중	
	하	

종합

1. 위에 언급된 직업군들 중 가장 마음에 드는 직업군 5가지를 순서대로 적어 보세요.
①   ②   ③
④   ⑤

2. 직업관련 심리검사를 통해 느낀 점은 무엇인가요?

나의 신체적 능력에 맞는 직업 알아보기♂	
나의 신체 그림 그리기	특징 1. ⇒ 특징 2. ⇒ 특징 3. ⇒
나의 신체적 능력에 어울리는 직업	나의 신체적 능력과 어울리지 않는 직업

내 직업을 소개합니다.♫

내가 되고 싶은 직업은 [   ]이다.

★직업 소개	★직업이 하는 일
★직업의 관심인물	★관심인물 선정 이유

부모님의 응원 한마디 ☺

간단히 수행할 수 있는 성격 및 흥미 검사지

(과제를 수행하지 않은 학생용)

1) 다음은 여러분의 성격 흥미를 알아보기 위한 것입니다. 자신의 성격과 잘 맞다고 생각하는 형용사에 ○표를 해주세요.

R	I	A
강건한	비판적인	창의적인
순응하는	호기심이 많은	비우호적인
물질주의적인	창의적인	정서적인
완고한	독립적인	표현적인
실제적인	지적인	비현실적인
현실적인	논리적인	독립적인
엄격한	수학적인	혁신적인
안정적인	방법적인	통찰력 있는
무뚝뚝한	합리적인	자유분방한
검소한	과학적인	예민한
개수:	개수:	개수:
S	**E**	**C**
수용하는	야망 있는	조직화된
배려하는	분명한	책임질 수 있는
공감적인	자기주장적인	효율적인
우호적인	확신하는	질서정연한
도움을 주는	결정을 잘 하는	순응하는
친절한	지배적인	실제적인
설득적인	열성적인	정확한
책임질 수 있는	영향력 있는	체계적인
가르치는	설득적인	보수적인
이해하는	생산적인	잘 통제된
개수:	개수:	개수:

2) 다음은 직업흥미를 알아보고자 하는 활동으로, 왼쪽에 있는 직업에 대하여 잘 생각해 보면서 오른쪽에 있는 숫자에다 ○표를 하세요. 내가 매우 좋아하면 5, 좋아하면 4, 관심이 없으면 3, 싫어하면 2, 매우 싫어하면 1에 ○표를 해주세요.

R		I		A	
직업	응답	직업	응답	직업	응답
소방대원	5 4 3 2 1	과학자	5 4 3 2 1	화가	5 4 3 2 1
기술자	5 4 3 2 1	발명자	5 4 3 2 1	연예인	5 4 3 2 1
동물전문가	5 4 3 2 1	학자	5 4 3 2 1	가수	5 4 3 2 1
요리사	5 4 3 2 1	물리학자	5 4 3 2 1	디자이너	5 4 3 2 1
농부	5 4 3 2 1	의사	5 4 3 2 1	예술가	5 4 3 2 1
목수	5 4 3 2 1	컴퓨터 프로그래머	5 4 3 2 1	만화가	5 4 3 2 1
피아노조율사	5 4 3 2 1	천문학자	5 4 3 2 1	무용가	5 4 3 2 1
운전기사	5 4 3 2 1	비행기조종사	5 4 3 2 1	음악가	5 4 3 2 1
어부	5 4 3 2 1	수학교사	5 4 3 2 1	조각가	5 4 3 2 1
건축설계사	5 4 3 2 1	생물학자	5 4 3 2 1	작가	5 4 3 2 1
합계		합계		합계	
S		E		C	
직업	응답	직업	응답	직업	응답
상담자	5 4 3 2 1	탐험가	5 4 3 2 1	은행원	5 4 3 2 1
간호사	5 4 3 2 1	변호사	5 4 3 2 1	공무원	5 4 3 2 1
유치원 교사	5 4 3 2 1	영화감독	5 4 3 2 1	회사원	5 4 3 2 1
초·중·고 교사	5 4 3 2 1	정치가	5 4 3 2 1	경비원	5 4 3 2 1
스튜어디스	5 4 3 2 1	아나운서	5 4 3 2 1	약사	5 4 3 2 1
학교 교장	5 4 3 2 1	사업가	5 4 3 2 1	비서	5 4 3 2 1
종교인	5 4 3 2 1	사회자(MC)	5 4 3 2 1	우체국 직원	5 4 3 2 1
외교관	5 4 3 2 1	방송 연출가	5 4 3 2 1	통역사	5 4 3 2 1
응원단원	5 4 3 2 1	여행 안내원	5 4 3 2 1	보디가드	5 4 3 2 1
대학 교수	5 4 3 2 1	자동차 판매원	5 4 3 2 1	법무사	5 4 3 2 1
합계		합계		합계	

① 앞 장의 결과에서 가장 높은 점수가 나온 유형을 써보세요.

성격흥미: _____유형	직업흥미: _____유형
두 가지 유형이 일치한다 ( ), 불일치한다 ( )	

② 성격흥미와 직업흥미의 유형이 일치하지 않는다면 왜 그럴까요? 그 이유를 써봅시다.

③ 점수가 높은 것부터 순서대로 적어 보세요.

▷ 성격흥미: _____

_____

▷ 직업흥미: _____

_____

④ 가장 점수가 높게 나온 흥미 영역 중에서 가장 관심이 있는 직업과 그 이유를 적어 보세요.

⑤ 가장 점수가 낮게 나온 흥미 영역과 평소에 내가 생각했던 나의 흥미 영역을 비교해서 생각해 봅시다.

출처: 2007학생자원봉사자 심화연수교재 중 김봉환(숙명여자대학교 교수)

[활동시작 전 감정표현 활동 및 일일평가지]

201 . . .	(5) 회기	이 름:

1. 나의 기분과 모습

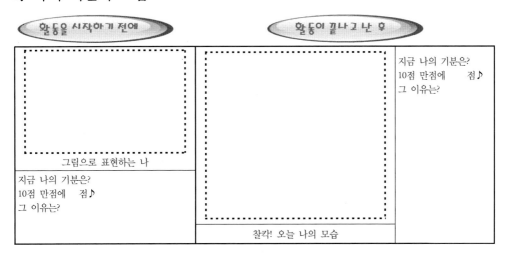

활동을 시작하기 전에

활동이 끝나고 난 후

그림으로 표현하는 나

지금 나의 기분은?
10점 만점에   점♪
그 이유는?

지금 나의 기분은?
10점 만점에   점♪
그 이유는?

찰각! 오늘 나의 모습

2. 이번 회기 프로그램에 대한 평가

내용	매우 그렇지 않다	대체로 그렇지 않다	보통 이다	대체로 그런 편이다	매우 그렇다	* 좋았던 점과 싫었던 점은?
오늘 프로그램이 나에게 도움이 되었다.						
나는 오늘 프로그램에 열심히 참여했다.						* 프로그램을 마치며 소감!! (자세히, 성심성의껏^^*)
오늘 프로그램을 통해 나의 직업에 대한 흥미, 적성, 가치관, 성숙도에 대해 알게 되었다.						
오늘 프로그램을 통해 나에게 맞는 직업에 대해 이해하게 되었다						
오늘 친구들 간의 대화, 의견발표, 친구의 의견 듣기를 잘 하였다.						

6회기: 나의 의사를 결정하게 하는 것은?

나의 합리적인 의사결정은?

※ 이 검사는 여러분의 의사결정 유형을 알아보기 위한 것입니다. 문항들을 하나씩 읽어가면서 그 내용이 자신의 입장과 똑같거나 거의 같으면 'O', 밑의 괄호 안에 자신의 입장과 매우 다르거나, 상당히 다르면 'X', 밑의 괄호 안에 표시해 주시기 바랍니다.

합리적 유형( )	의존적 유형( )	직관적 유형( )
- 나는 중요한 결정을 할 때, 매우 체계적으로 한다. ( ) - 나는 모든 정보를 수집할 수 없는 상태에서는 중요한 결정을 좀처럼 하지 않는다. ( ) - 나는 어떤 결정을 할 때 그것이 나중에 미칠 결과까지도 고려한다. ( ) - 나는 충분한 시간을 두고 생각을 한 후에 결정을 한다. ( ) - 나는 중요한 결정을 해야 할 때 우선 충분한 시간을 갖고 계획을 세우며 실천할 일을 골똘히 생각한다. ( ) - 나는 결정에 앞서 모든 정보가 확실한지 아닌지 재검토한다. ( ) - 나는 중요한 일을 할 때 미리 주의 깊은 세밀한 계획을 세운다. ( ) - 나는 참으로 올바른 결정을 하고 싶기 때문에 성급하게 결정을 하지 않는다. ( ) - 나는 내가 내린 결정 하나하나가 최종목표를 향해 발전해 나가는 단계라고 곧잘 생각한다. ( ) - 나는 어떤 결정을 하기 전에, 그 결정이 가져올 결과를 가능한 한 많이 알고 싶다. ( )	- 나는 중요한 결정을 해야 할 때, 누군가가 올바른 방향으로 이끌어 주었으면 좋겠다. ( ) - 나는 어떤 결정을 할 때 친구의 생각을 중요시한다. ( ) - 나는 남의 도움이 없이는 중요한 결정을 하기가 정말 힘들다. ( ) - 나는 내가 좋아서 결정기보다는 남의 생각에 따라 결정하는 경우가 많다. ( ) - 나는 친한 친구와 먼저 상의하지 않고는 어떤 일이든 좀처럼 결정하지 않는다. ( ) - 나는 결정하는 것이 어려워 그것을 연기하는 경우가 많다. ( ) - 나는 다른 사람들의 많은 격려와 지지가 있어야만, 어떤 일을 결정할 수 있을 것 같다. ( ) - 나는 평판이 좋을 것 같지 않은 결정을 해봤자 별의미가 없다고 생각한다. ( ) - 나는 훌륭한 결정을 내릴 자신이 없어서, 대개 다른 사람들의 의견에 따른다. ( ) - 친구가 나의 결정을 지지해 주지 않으면 나는 나의 결정에 그다지 자신을 갖지 못한다. ( )	- 나는 내 자신의 즉각적인 판단에 따라 현재의 내 입장에 맞춰서 일을 결정한다. ( ) - 나는 대체로 미래보다는 현재의 입장에 맞춰서 일을 결정한다. ( ) - 나는 왜 그렇게 결정했는지 이유를 모르겠지만, 곧 잘 올바른 결정을 한다. ( ) - 나는 중요한 결정이라도 매우 빠르게 결정한다. ( ) - 나는 어떤 결정을 할 때 내 자신의 감정과 반응을 따른다. ( ) - 나는 어떤 일을 점검해 보거나 사실을 알아보지도 않고 결정하는 경우가 많다. ( ) - 나는 진지하게 생각해서 결정하지 않는다. 즉 마음속에 있던 생각이 갑자기 떠올라 그에 따라서 결정한다. ( ) - 나는 어떤 일을 결정한 후에, 대게 그 결정이 내 마음에 들지 안 들지를 상상해 본다. ( ) - 나는 내가 내리는 결정에 군이 합리적인 이유를 따질 필요가 없다고 생각한다. ( ) - 나는 어떤 결정이 감정적으로 만족스러우면 나는 그 결정을 옳은 것으로 여긴다. ( )

나도 모르는 24시간 의사결정 유형

이름:

 **가정 생활**	* '집에 들어와 나의 학교 이야기를 듣고 싶어 하는 우리 가족', 나는 어떤 의사결정을 선택할 것인가? → 엄마 나 오늘은 조금 피곤해서 쉬고 싶은데, 나중에 대화하면 안 될까요? * '주말 아침부터 깨우는 우리 가족.', 나는 어떤 의사결정을 선택할 것인가? → 매일 아침 일찍 일어나서 학교를 등교하는데 오늘 하루만 1시간 더 자면 안 될까요? * 진로에 대해 반대하는 우리 가족', 나는 어떤 의사결정을 선택하여 설득할 것 인가? → 부모님 말씀도 맞는 말씀입니다. 하지만 저는 꼭 이 진로를 선택하고 싶어요. 왜냐하면 이 직업을 선택한다면 내 인생의 절반은 정말 행복하게 보낼 수 있을 것 같아요. 더 시간을 가지고 부모님과 이야기해 나아갔으면 좋겠어요. * '방을 깨끗이 청소하라는 우리 가족들의 잔소리', 나는 어떤 의사결정을 선택할 것인가? → 방이 조금 더럽죠? 지금 하고 있는 일이 있어서 빨리 마치고 난 후에 방청소를 꼭 할게요.
 **학교 생활**	* '선생님께서 말씀하신 준비물을 가져오지 못했을 때' 나는 어떤 의사결정유형을 선택하여 선생님께 말씀을 드릴 것인가? → 선생님 죄송합니다. 꼭 신경 쓰고 챙겼어야 했는데 깜빡했습니다. 다음 시간에 꼭 챙기도록 하겠습니다. * '친구들과 말다툼 후 나는 먼저 친구에게 사과를 하려고 한다.' 나는 어떤 의사결정유형을 선택하여 친구와 사과할 것인가? → 친구야 지금 시간 괜찮아? 대화 가능할까? 저번 일은 내가 미안하다. 내가 조금 심했지? 혹시 내 말에 상처를 받았다면 미안해. * '친구가 나에게 학생이 하지 말아야 하는 행동을 함께 하자고 했을 때' 나는 어떤 의사결정유형을 선택하여 친구를 설득할 것인가? → 친구야, 그 일은 우리가 해서 안 되는 일 같은데, 우리 조금만 더 생각해 보자. * '점심시간에 선배 혹은 친구들이 새치기를 했을 때' 나는 어떤 의사결정유형을 선택하여 선배 혹은 친구에게 말할 것인가? → 저기, 지금 많은 사람들이 줄을 서서 질서를 지키고 있는데, 함께 지키는 건 어떨까요?

나도 모르는 24시간 의사결정 유형

이름:

기타 생활

* '학원친구가 나에게 땡땡이를 치자고 제안했을 때' 나는 어떤 의사결정유형을 선택하여 친구를 설득할 것인가?
→ 우리가 지금 이 순간을 즐기면, 이 즐거움의 배가 되는 고통이 올 것 같아 그것을 감당할 자신이 나는 없는데 우리 그냥 학원 수업을 듣고 난 후에 노는 건 어떨까?

* '엄마께서 주신 학원비를 PC방 혹은 쇼핑으로 다 쓴 사실을 아셨을 때' 나는 어떤 의사결정 유형을 선택하여 엄마께 용서를 빌 것인가?
→ 엄마가 주신 학원비를 다른 용도로 사용하고 말았어요. 너무 죄송합니다. 반성하고 있습니다. 용서해 주세요.

* '엄마께 사고 싶은 물건에 대해서 사 달라고 말씀드릴 때' 나는 어떤 의사결정유형을 선택하여 말씀드릴 것인가?
→ 엄마 저 마라톤 신발이 필요해요. 왜냐하면 운동회 때 육상선수로 나가는데 지금 신발로는 뛰기가 힘들어서요.

* '나와 친구가 먹고 싶은 음식이 다를 때' 나는 어떤 의사결정유형을 선택하여, 친구가 먹고 싶은 음식 혹은 내가 먹고 싶은 음식으로 이야기할 것인가?
→ 친구야, 나는 이 음식이 더 먹고 싶은데 너는 저 음식이 더 먹고 싶구나? 오늘은 내가 양보해서 친구가 먹고 싶은 음식 먹을게. 다음에는 내가 먹고 싶은 음식을 먹자! 알았지?

* '친구가 요즘 힘들다며 고민 상담을 해올 때' 나는 어떤 의사결정유형을 선택하여, 친구의 고민을 들어줄 것인가?
→ 요즘 많이 힘든 일이 있었나보다. 어떤 일 때문에 힘든지 이야기해볼래? 내가 도울 수 있는 일은 도와주고 싶어!

[활동시작 전 감정표현 활동 및 일일평가지]

201 .　　.　　.	(6) 회기	이 름:

1. 나의 기분과 모습

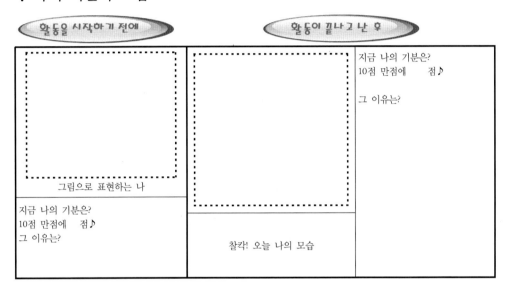

활동을 시작하기 전에

그림으로 표현하는 나

지금 나의 기분은?
10점 만점에　　점♪
그 이유는?

활동이 끝나고 난 후

지금 나의 기분은?
10점 만점에　　점♪

그 이유는?

찰칵! 오늘 나의 모습

2. 이번 회기 프로그램에 대한 평가

내용	매우 그렇지않다	대체로 그렇지않다	보통 이다	대체로그런 편이다	매우 그렇다	* 좋았던 점과 싫었던 점은?
오늘 프로그램이 나에게 도움이 되었다.						
나는 오늘 프로그램에 열심히 참여했다.						* 프로그램을 마치며 소감!! (자세히, 성심성의껏^^*)
오늘 프로그램을 통해 나의 의사결정 유형에 대해 알게 되었다.						
오늘 프로그램을 통해 합리적으로 의사결정을 하는 것에 대해 알게 되었다						
오늘 친구들 간의 대화, 의견발표, 친구의 의견 듣기를 잘 하였다.						

7회기: 친구와의 관계 속에서 나의 진로

[진행자와 텔레파시]

[게임설명]
진행자와 텔레파시란?
진행자가 생각하는 가수, 직업, 아이스크림, 과자 이름 등 6가지의 이름을 작성 후 게임에 참여하는 각 팀들도 종이에 좋아하는 가수, 직업인, 아이스크림, 과자, 이름을 작성해서 누가 진행자의 텔레파시를 받고 진행자와 제일 가장 일치하게 마친 팀이 승리하는 게임입니다.

[좋아하는 아이돌 그룹]	[떠오르는 유망 직업]
1.	1.
2.	2.
3.	3.
4.	4.
5.	5.
6.	6.
[좋아하는 아이스크림]	[좋아하는 음식]
1.	1.
2.	2.
3.	3.
4.	4.
5.	5.
6.	6.

친구와 옳은 대화 방법은 무엇일까요?

I-Message/YOU-Message

- I-Message 화법은 대화 시 상대방에게 내 입장을 설명하는 것이 주안점이며, YOU-Message 화법은 대화 시 어떤 결과에 대하여 상대방에게 핑계를 돌리는 것을 말한다.
- 일상생활에서 상대방에게 어떻게 말하느냐에 따라 그 결과와 상대방의 대응 정도가 크게 다르다.
- 연속 발생되는 대인관계에서 항상 상대방에게 핑계를 돌리는 것보다 내 입장을 충분히 설명하여 양해를 구하는 I-Message 화법을 사용하는 것이 훨씬 호감을 주는 화법이다.

(예) 총알택시 기사를 보고 "기사님! 천천히 가요"라고 소리친 것은 핑계를 기사에게 돌린 YOU-Message이고, "아저씨! 나는 부양가족이 있는 사람이니 천천히 갑시다"라고 한 것은 내 입장을 설명한 I-Message 화법이다

그럼, **I-Message/YOU-Message**의 방법을 알았나요? 그 방법을 친구와 함께 상황극을 작성하여 발표해 봅시다.

친구가 나의 흉을 보고 다닌다는 것을 알았을 때, 나의 의사소통 방법은?	[I-Message 방법] [YOU-Message 방법]
친구가 진로문제로 고민이 된다고 어려움을 전달했을 때, 나의 의사소통 방법은?	[I-Message 방법] [YOU-Message 방법]
[자유 형식]	[I-Message 방법] [YOU-Message 방법]

나의 진로 Profile

이름:

직업적성 검사결과

1. 상대적으로 가장 높게 나온 능력은 무엇인가요?

2. 가장 높게 나온 능력과 관련된 직업군들 중 마음에 드는 직업 5가지를 순서대로 적어 보세요.
①   ④
②   ⑤
③

직업가치관 검사결과

1. 자신이 중요하게 생각하는 가치관은 무엇인가요?

2. 위의 가치를 충족시킬 확률이 높은 직업들 중 마음에 드는 직업 5가지를 순서대로 적어 보세요.
①   ④
②   ⑤
③

직업흥미 검사결과

1. 가장 높은 흥미를 나타내는 분야는 무엇인가요?

2. 가장 높은 흥미를 나타내는 분야의 직업군 중에서 마음에 드는 직업군 5가지를 순서대로 적어 보세요.
①   ④
②   ⑤
③

진로성숙도 검사결과

도표를 보고 해당결과에 맞게 구분(영역)을 적어보세요.	
성숙도	상	
	중	
	하	

종합

1. 위에 언급된 직업군들 중 가장 마음에 드는 직업군 5가지를 순서대로 적어 보세요.
①   ②   ③
④   ⑤

2. 직업관련 심리검사를 통해 느낀 점은 무엇인가요?

친구에게 남기는 한마디

선생님 초대합니다

[활동시작 전 감정표현 활동 및 일일평가지]

2010.　.　.	(7) 회기	이 름:

1. 나의 기분과 모습

활동을 시작하기 전에

활동이 끝나고 난 후

그림으로 표현하는 나	지금 나의 기분은? 10점 만점에　점♪ 그 이유는?
지금 나의 기분은? 10점 만점에　점♪ 그 이유는?	찰칵! 오늘 나의 모습

2. 이번 회기 프로그램에 대한 평가

내용	매우 그렇지않다	대체로 그렇지않다	보통 이다	대체로그런 편이다	매우 그렇다	* 프로그램의 좋았던 점과 싫었던 점은?
오늘 프로그램이 나에게 도움이 되었다.						
나는 오늘 프로그램에 열심히 참여했다.						* 프로그램을 마치며 소감!!
오늘 프로그램을 통해 친구를 이해하고 친구와 올바른 대화를 하는 방법에 대해 알게 되었다.						(자세히, 성심성의껏^ ^*)
오늘 프로그램을 통해 친구의 진로를 함께 나누는 시간이 되었다.						
오늘 친구들 간의 대화, 의견발표, 친구의 의견 듣기는 잘 하였다.						

8회기: 학교생활 속에서의 나의 진로

> # 우리들의 '소리 토론'이 시작됩니다.
>
> ['소리토론' 참여방법]
> 빈칸의 의견을 적어 주시면 토론에 참여하실 수 있습니다.

학교생활 (학업, 친구 등)이 왜 중요한가?	
선생님과의 관계가 학교생활에 미치는 영향은?	
학교생활과 진로와 연관되는 부분은 무엇인가?	

*선생님이 전해 주시는 작은 글 하나…

*선생님께 드리는 작은 글 하나…

[활동시작 전 감정표현 활동 및 일일평가지]

2010.　　.　　.	(8) 회기	이 름:

1. 나의 기분과 모습

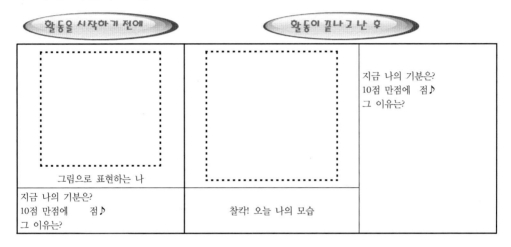

활동을 시작하기 전에

활동이 끝나고 난 후

지금 나의 기분은?
10점 만점에　점♪
그 이유는?

그림으로 표현하는 나

지금 나의 기분은?
10점 만점에　점♪
그 이유는?

찰칵! 오늘 나의 모습

2. 이번 회기 프로그램에 대한 평가

내용	매우 그렇지않다	대체로 그렇지않다	보통 이다	대체로그런 편이다	매우 그렇다	* 프로그램의 좋았던 점과 싫었던 점은?
오늘 프로그램이 나에게 도움이 되었다.						
나는 오늘 프로그램에 열심히 참여했다.						* 프로그램을 마치며 소감!! (자세히, 성심성의껏^ ^*)
오늘 프로그램을 통해 학교생활이 왜 중요한지에 대해 알게 되었다.						
오늘 프로그램을 통해 선생님과 함께 나의 진로를 나누는 시간이 되었다.						
오늘 친구들 간의 대화, 의견발표, 친구의 의견 듣기는 잘 하였다.						

인터뷰 질문 만들기

이름: _____

이제
하고 싶은 일이
생겼어요~♪

-찾아가는 직업인과의 인터뷰-

_____중학교____학년____반

이름: _____

[당신은 나의 '꿈'입니다]
-직업인의 정보를 작성해 주세요-

☀성함
→ _____

★연락처
→ _____

☀주소
→ _____

나는 _____직업인의 인터뷰를
시작하겠습니다.

선생님은 청소년 시절 지금의 직업을 꿈꾸셨나요?

어떤 계기와 준비과정이 있으셨나요?

어떤 노력을 해야 선생님처럼 꿈을 이룰 수 있을까요?

대학진학 시 어떤 학과를 전공해야 하나요?

힘들었던 점은 무엇인가요?

필요한 자질은 무엇인가요?

걸어온 길에 대한 후회를 하셨나요?

이 직업을 선택할 때 가장 중요하게 생각한 부분은?

가장 큰 매력은 무엇인가요?

이 직업의 장점과 단점은?

[추가 질문 시 작성]

[추가 질문 시 작성]

The Future belongs to those who believe in the beauty of their dreams

미래는 자신의 꿈이 지닌 아름다움을 믿는 자에게 달려 있다.

Elanor Roosebelt
(엘리노어 루스벨트)

[활동시작 전 감정표현 활동 및 일일평가지]

201 . . .	(9) 회기	이 름:

1. 나의 기분과 모습

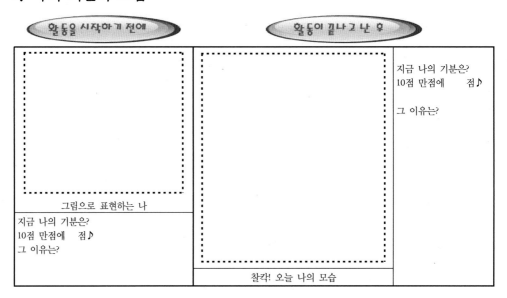

활동을 시작하기 전에

그림으로 표현하는 나

지금 나의 기분은?
10점 만점에   점♪
그 이유는?

활동이 끝나고 난 후

찰칵! 오늘 나의 모습

지금 나의 기분은?
10점 만점에   점♪

그 이유는?

2. 이번 회기 프로그램에 대한 평가

내용	매우 그렇지않다	대체로 그렇지않다	보통 이다	대체로그런 편이다	매우 그렇다	* 좋았던 점과 싫었던 점은?
오늘 프로그램이 나에게 도움이 되었다.						
나는 오늘 프로그램에 열심히 참여했다.						* 프로그램을 마치며 소감!! (자세히, 성심성의껏^ ^*)
오늘 프로그램을 통해 나의 관심직업에 대해 다시 한 번 더 이해하는 시간이 되었다.						
오늘 프로그램을 통해서 관심직업인에 대해 한 번 더 생각해 보는 시간이 되었다.						
오늘 친구들 간의 대화, 의견발표, 친구의 의견 듣기를 잘 하였다.						

10회기: 나의 관심대학학과 멘토와 직업인과의 만남
-직장 방문/진로체험활동-

이제 하고 싶은 일이 생겼어요~
-찾아가는 직업인터뷰를 마치고-

이름:

* 내가 느끼고 배우고 생각했던 것들의 이야기를 작성해 주세요.

인터뷰 전	인터뷰 후
나는 직업에 대해 어떻게 생각했나요?	나는 이 직업에 대해 어떻게 생각했나요?
내가 꿈꾸는 그리고 오늘 만나 본 직업인처럼 되기 위한 나의 약속!	
부모님이 보내시는 응원의 한마디!	

201 . . .	(10) 회기	이 름:

1. 나의 기분과 모습

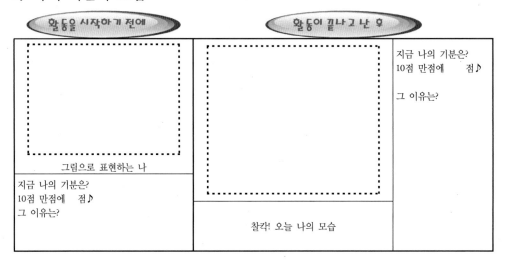

활동을 시작하기 전에

그림으로 표현하는 나

지금 나의 기분은?
10점 만점에   점♪
그 이유는?

활동이 끝나고 난 후

찰칵! 오늘 나의 모습

지금 나의 기분은?
10점 만점에   점♪

그 이유는?

2. 이번 회기 프로그램에 대한 평가

내용	매우 그렇지않다	대체로 그렇지않다	보통 이다	대체로그런 편이다	매우 그렇다	* 좋았던 점과 싫었던 점은?
오늘 프로그램이 나에게 도움이 되었다.						
나는 오늘 프로그램에 열심히 참여했다.						* 프로그램을 마치며 소감!! (자세히, 성심성의껏^^*)
직업인 만남과 직장탐방을 통해 나의 관심직업에 대해 잘 알게 되었다.						
오늘 프로그램을 통해 나의 진로를 재설계하는 계기가 되었다.						
오늘 프로그램을 통해 나의 진로계획을 부모님과 함께 설계하게 되어 도움이 되었다.						

11회기: 나의 진로목표 및 진로설계 재조정/진로계획 세우기

[학생자료 11 - 1]

찾아가는 직업 인터뷰 '나를 알아가는 여행'

나는 무한한 가능성을 가지고 있습니다

학교 상징	학교 이름

나의 미래를 설계하는 거야 !

☞ 내가 바라는 직업을 갖기 위해 내가 계획하고 실천해야 할 계획을 세워 봅시다.
앞으로 올해, 1~3년, 3~10년 안에 무엇을 준비할 것인지 보기를 참고하여 빈칸을 채워 넣어 보세요.

♠ 중간 목표 (향후 3~10년)	①
	②
	③
♠ 단기 목표 (향후 1~3년)	①
	②
	③
♠ 올해의 목표	①
	②
	③

이 력 서

1. 기본사항

사진	성 명		영 문	
	생년월일			
	E-mail			
	전화번호		휴 대 폰	
	주 소			
	종 교			

2. 목표

3. 학력사항

기 간	학 교

4. 자격증

자 격 명	취득일	자격번호	시행처

5. 수상경력

기 간	수 상 내 역

6. 경력사항

구 분	활 동 기 간	기 관	역할	업무내용

나의 모습을 콜라주로 만들기

* 잡지 혹은 신문을 이용하여 미래의 내 모습을 콜라주로 만들어 보는 시간

* 직업명 및 소속

* 하는 일 및 특징

* 꿈을 가지게 된 동기

* 이 직업인이 되기 위한 방법

* 이 직업인이 되기 위해 노력했던 중학교 시절

* 이 직업인이 되기 위해 노력했던 고등학교 시절

[초 대 장]

[활동시작 전 감정표현 활동 및 일일평가지]

201 . . .	(11) 회기	이 름:

1. 나의 기분과 모습

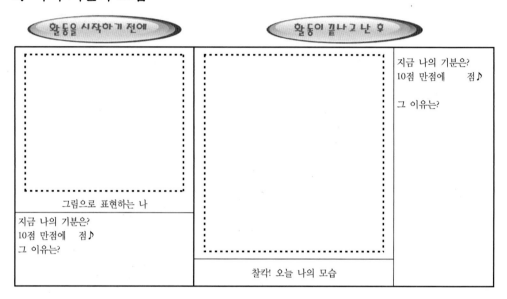

활동을 시작하기 전에

활동이 끝나고 난 후

그림으로 표현하는 나

지금 나의 기분은?
10점 만점에   점♪
그 이유는?

지금 나의 기분은?
10점 만점에   점♪

그 이유는?

찰칵! 오늘 나의 모습

2. 이번 회기 프로그램에 대한 평가

내용	매우 그렇지않다	대체로 그렇지않다	보통 이다	대체로그런 편이다	매우 그렇다	* 좋았던 점과 싫었던 점은?
오늘 프로그램이 나에게 도움이 되었다.						
나는 오늘 프로그램에 열심히 참여했다.						* 프로그램을 마치며 소감!! (자세히, 성심성의껏^ ^*)
감사편지쓰기를 하며 나의 진로가 더 확고해 졌다.						
오늘 발표자료를 만드는 것이 만드는 것이 도움이 되었다.						
오늘 친구 및 부모님들 간의 대화, 의견발표, 의견 듣기를 잘 하였다.						

12회기: 마무리 및 총평가

☞ 다음은 자기소명서입니다. 자신의 목표를 실행해 나가는 데 필요한 것들을 위주로 작성해 봅시다.

자기 소명서

나는 나의 희망목표 (   )를(을) 성취하기 위해 다음 사항을 반드시 지킬 것을 약속합니다.

첫 째, _____
(보기: 나는 소설가가 되기 위해 책을 많이 읽을 것이다.)

둘 째, _____

셋 째, _____

넷 째, _____

다섯째, _____

작성자:_____ (서명)

증 인: (서명)
증 인: (서명)
증 인: (서명)
증 인: (서명)
증 인: (서명)

201*년   월   일

자성 예언

☞ 다음은 자성 예언들을 모아놓은 것입니다. 이 글을 읽고 자신의 꿈을 이루는 데 가장 도움이 될 것으로 보이는 내용을 3가지 골라 외워 두십시오. 가장 먼저 골라 외운 사람에게는 선물을 드립니다!

★ 나는 인생의 목표가 있는 사람이다.
★ 나는 원대한 꿈을 가진 사람이다.
★ 나는 꿈을 실현하기 위해서 노력하는 사람이다.
★ 나는 하고 싶은 일을 잘할 수 있다.
★ 나는 끈기가 있는 사람이다.
★ 나는 말보다 행동으로 실천하는 사람이다.
★ 나는 미래를 멋있게 창조할 수 있다.
★ 나는 새로운 도전을 두려워하지 않으며, 모험을 좋아한다.
★ 나의 운명은 내가 개척한다.
★ 나는 어떠한 경우에도 물러나지 않겠다.
★ 나는 행복한 사람이 될 것이다.
★ 나는 할 일을 찾아서 하는 사람이다.
★ 나는 계획한 일을 실천하는 사람이다.
★ 나는 협동할 줄 알며 봉사하는 사람이다.
★ 나는 다른 사람을 잘 지도하는 사람이다.

☞ 수고 많으셨습니다.

직업의 세부적인 정보를 더 알아보고 싶거나, 진로와 관련된 각종 심리검사를 해 보고 싶은 사람은 인터넷을 이용하여 다음의 사이트를 방문해 보세요.

사이트 이름	인터넷 주소	검사 종류
한국청소년상담원	http://www.kyci.or.kr	진로 고민 진단
한국가이던스	http://www.guidance.co.kr	각종 검사
한국진로상담연구소	http://www.teensoft.net	진로유형 알아보기
한국중앙고용정보원	http://www.work.go.kr	흥미검사, 직업정보
마이비젼21닷컴	http://www.myvision21.com	진로진단
한국직업능력개발원	http://www.careernet.re.kr	진로관련 검사

출처: 2007 학생상담자원봉사자 심화연수 교재 중 김봉환(숙명여자대학교 교수)

제 호

수 료 증

성 명:

　위 사람은 중학교 학교사회복지실에서 실시하는 '이제 하고 싶은 일이 생겼어요' 진로탐색프로그램을 성실하게 수행하였기에 이 수료증을 수여합니다.

201*년 월 일

○○중학교장 ○○○

	ID		

〈대상학생 프로그램 사후 설문〉

1. 다음 내용으로 진행되었던 진로탐색프로그램이 **여러분에게 얼마나 도움이 되었다**고 생각하십니까?

해당되는 곳에 V표기 해주십시오.

항 목	전혀 도움이 되지 않았다	도움이 되지 않았다	보통이다	도움이 되었다	매우 도움이 되었다
1회기: 기대되는 첫 모임	①	②	③	④	⑤
2회기: 내 안의 나를 보아요 1(연혁기, 강점)	①	②	③	④	⑤
3회기: 일의 소중함과 보람에 대한 나의 생각	①	②	③	④	⑤
4회기: 내 안의 나를 보아요 2(가치관)	①	②	③	④	⑤
5회기: 나의 신체 & 성격 & 흥미 & 적성과 직업	①	②	③	④	⑤
6회기: 나의 의사를 결정하게 하는 것은?	①	②	③	④	⑤
7회기: 친구와의 관계 속에서 나의 진로	①	②	③	④	⑤
8회기: 학교생활 속에서 나의 진로	①	②	③	④	⑤
9회기: 직업세계에 대한 이해	①	②	③	④	⑤
10회기: 대학생 및 관심 직업인과의 만남	①	②	③	④	⑤
11회기: 진로설계하기					
12회기: 종결(수료식)					

2. 위 내용 중 **가장 도움이 되었던 프로그램**은 무엇입니까? _____ 회기

3. 위 2번의 **어떤 부분이 도움이 되었는지** 자유롭게 적어 주세요.

4. 여러분의 진로(장래희망, 꿈, 직업)를 찾아가는 과정과 관련하여 진행되었던 **진로탐색 프로그램에 대한 활동과 자신의 진로에 대해 어떻게 생각**하는지 자유롭게 적어 주세요.

- 진로탐색 프로그램에 대하여

- 진로에 대한 나의 생각

5. 기타 하고 싶은 이야기가 있으면 자유롭게 적어 주세요.

* 그동안 수고 많았습니다 *

Ⅲ. 학부모 연수

1회기: 청소년기에 대한 이해 및 자녀에 대한 이해

구 성		1회기	시간	100분	내용	자신에 대한 이해 & 자녀에 대한 이해
목 표						
주요 내용						
준비 사항						
활동 내용	도입					
	전개					
	마무리					

구 성		1회기	시간	100분	내용	자신에 대한 이해 & 자녀에 대한 이해
목 표		1. 자신과 자녀에 대해 이해한다. 2. 자녀와의 관계 및 부모의 기대가 자녀의 진로에 미치는 영향을 이해한다. 3. 자녀에 대한 고민을 다른 부모들과 공유함으로써 지지와 공감을 받는다. 4. 자신의 꿈과 자녀의 꿈을 생각하면서 자녀에 대한 기대를 객관화한다.				
주요 내용		1. 청소년 시기의 부모 자신에 대해 생각해 보고, 이를 통해 자녀에 대해 이해하는 시간을 소집단 내에서 공유한다. 2. 부모와 자녀와의 관계에 대해 생각해 보고 소집단 내에서 공유한다. 3. 부모 자신의 꿈과 자녀의 꿈을 보다 객관적으로 생각해 보고, 서로의 공통점과 차이점을 확인하고, 이에 대한 느낌을 소집단 내에서 공유한다.				
준비 사항		사전설문지, 활동지, 필기구, 사진기				
활동 내용	도입	1. 연수 내용 소개 2. 참여 부모님 상호 소개 및 친밀감 형성, 조 나누기(20분) 3. 부모 자신과 자녀에 대한 이해 및 관계에 대한 이해(30분) 1) 자녀에 대한 이해의 시간을 가진다. 2) 강점관점 갖기, 자녀와의 효과적인 대화법에 대해 강의와 토론을 한다.				
	전개	4. 휴식(10분) 5. 부모 자신의 꿈과 자녀의 꿈에 대한 객관적 이해(20분) 1) 부모가 생각하는 자녀에 대해 나눈다(가정생활, 성격, 꿈, 진로 등). －강점관점(좋은 점)으로 대화를 하도록 한다. 2) 자녀의 적성 및 흥미 검사 결과지를 통해, 자녀의 적성과 흥미, 꿈을 이해한다. 3) 부모가 몰랐던 자녀의 적성과 흥미, 꿈에 대해 나눈다. 4) 소집단 활동을 통해 자녀들의 적성과 흥미, 꿈이 추후 진로와 어떤 연관을 가질지에 대해 나눈다. 5) 부모가 생각했던 자녀의 진로와 자녀가 생각하는 진로에 대한 공통점과 차이점을 확인하고 객관화한다.				
	마무리	6. 마무리 및 평가(20분) 1) 오늘 활동한 내용에 대한 느낀 점을 중심으로 활동에 대한 소감을 자유롭게 나눈다. 2) 자녀의 진로에 영향을 미칠 수 있는 부모의 기대와 태도, 역할에 대해 설명하고 가정에서의 자녀지도에 대한 Tip에 대한 유인물을 나누어 주고 과제를 부여한다(과제 1, 2). －강점관점에 대한 설명과 자녀의 강점을 발견하고 격려해 주며, 하루 한 가지씩 칭찬하는(체크리스트 제공: 과제1) 것을 체크하게 한다. －자녀의 흥미와 적성에 대해 긍정적인 지지(과제2: 체크리스트에 구체적으로 기입하기)를 보낼 수 있도록 한다. 3) 사전설문지를 작성한다. 4) 다음 시간의 활동에 대해 소개한다				

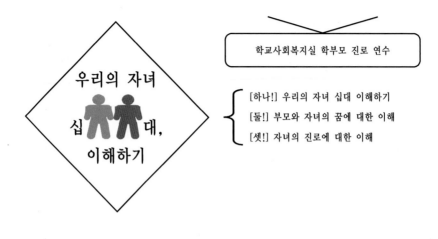

학교사회복지실 학부모 진로 연수

[하나!] 우리의 자녀 십대 이해하기
[둘!] 부모와 자녀의 꿈에 대한 이해
[셋!] 자녀의 진로에 대한 이해

1. 우리의 자녀 십대에 대해 이해하기

청소년기의 특징

하나,
이상적이고, 자의식이 강하고 권위적인 부모와 갈등에 빠지며, 또래에게 매력을 느끼고
신체 변화와 성적 호기심에 열중한다.
둘,
청소년들은 자신의 이야기를 들어주기를 바라는 강한 욕구가 있다.
셋,
그들은 성인이 정한 규칙들이나 제약들을 보통 시험하고 한다.
넷,
청소년들은 에너지 수준이 높다.
다섯,
청소년들의 감정은 격하고 양가감정의 특성이 있기 때문에 다른 사람들이 받아들이는
방법으로 어떻게 느끼는가를 언어로 표현하는 것이 어렵다.
여섯
청소년들은 '지금－여기'에 충실하다.

1) 강점을 발견하고 칭찬하라

　최악의 상황에서도 희망을 잃지 않게 하는 것이 부모가 가져야 자세이다. 강점을 발견하고 계발하여 잘 활용하도록 돕는 것은 자녀를 이해하고 성장을 돕는 데 매우 유용한 접근방법이다. 특히 이러한 접근은 현재 자녀의 학교생활이나 가정에서의 생활에 어려움이 있는 경우 미래에 대해 강력한 긍정과 희망의 주문을 거는 것으로, 자녀의 단점으로만 생각했던 모든 것들을 장점으로 승화시킬 수 있다는 확신을 갖게 되면 그 확신이 바람직한 변화를 불러온다. 주의할 점은 진심으로 자녀의 강점을 믿고 솔직하게 긍정의 메시지를 전달할 수 있어야 한다는 것이다. 왜냐하면 그러한 태도가 자녀의 변화로 연결될 수 있기 때문이다.

　자녀의 강점을 지속적으로 강화시켜 줄 수 있는 좋은 표현방법 중의 하나는 칭찬이다. 칭찬은 자녀의 장점, 강점, 좋은 점에 초점을 두는 것으로 다음과 같은 7가지의 원리가 있다. 칭찬을 받는 자녀에게 동일한 행동에 동일하게 칭찬하며 칭찬받은 내용과 강도가 **일관성**이 있어야 하며 필요한 만큼 **충분**하게 하여야 한다. 칭찬하기로 마음먹었다면 자녀가 만족스럽다고 느낄 만큼 아낌없이 충분하게 칭찬해야 한다. 또한 칭찬은 칭찬 사이의 간격 또는 시간의 지연에 따라 달라지므로 **타이밍**이 중요하며 진정 어린 자세로 진지하고 순수하며 **진정** 어린 마음으로 칭찬을 해야 한다. 칭찬의 방법은 자녀의 행동을 자세히 기술하여 **구체적**으로 칭찬해야 한다.

　칭찬은 고래도 춤추게 하며 귀신도 웃는다는 속담이 있을 정도로 사람들은 칭찬을 좋아한다. 사람들의 내면엔 중요한 인물이 되고 싶다는 욕망은 인간의 가장 뿌리 깊은 욕구이며 이는 상대방에게 인정받고 싶은 기대감이라 말할 수 있다. 부모들의 진정 어린 칭찬은 자녀들의 가정에서의 생활이나 학교생활뿐만 아니라 삶의 전체적인 변화를 가져다 줄 것이다.

◀ 실제 적용 ▶

다음 상황에 대해 자녀의 강점을 찾아보고 적용해 봅시다.

상황

마트에서 시장을 봐서 집으로 들어온다. 딸은 머리에 롤을 말고 만화책을 보며 소파에 앉아 웃고 있다.

위 상황에 대해 딸과 엄마의 대화를 작성해 보세요.

엄마:

딸 :

엄마:

딸 :

엄마:

딸 :

엄마: (딸을 보면서 얼굴을 찡그리며 한숨 쉬며) 너 뭐하냐?

딸 : 잠깐 쉬는 거야.

엄마: 만날 쉬지. 학원 갈 준비 안 해?

딸 : 숙제 없어.

엄마: 숙제만 하면 되는 거니? (딸의 머리의 롤을 만지며) 이건 또 뭐야? 도대체 뭐가 되려고 하는 건지?

딸 : (엄마 손을 뿌리치며) 아, 왜 그래? 머리 삐쳐서 그래······.

엄마: 이렇게 멋이나 부리고 만화나 읽고······, 이렇게 공부 안 해서 뭐가 되려고 그래. 사촌 언니 정아 못 봤어? 요새는 대학 나와도 취업 안 된다고 몇 년씩 준비하고 난리인데. 너도 그러고 싶어?

딸 : 시집만 잘 가면 되잖아.

엄마: (기가 차다는 듯이) 대학도 제대로 못 나온 걸 누가 데려나간데? 네가 그런 식으로 말하니까 엄마 속이 타지. 뭘 먹고 살지, 앞으로 뭐가 될지……, 좀 생각이라는 걸 하면서 살아봐라.

딸 : (귀찮다는 듯이) 별로 하고 싶은 거 없어.

엄마: 며칠 전 텔레비전에서 못 봤어? 꿈과 목표를 갖고 독하게 살아서 성공하는 거 보고 몰라? 중학생이 되었으며 이제 좀 진지하게 생각해 봐야지.

딸 : (짜증내며 쏟아 붙이듯) 아이씨, 내가 만화가 한다고 했더니 엄마가 하지 말라며.

엄마: 웃겨, 네가 무슨 만화가가 되냐? 그거 해서 얼마나 번다고, 네가 어떻게 만화가가 되냐고!

딸 : 난 잘 그린단 말이야. 엄마가 언제 관심 있게 한 번이라도 봤어?

엄마: (한숨을 쉬며) 또, 또 그러네. 엄마가 뭘 몰라. 어쩜 그렇게 네 마음대로야? 먹고살 수 있는 일을 해야지, 요즘 같은 세상에…… 돈이 되는 거. 만화나 그리면서 엄마 아빠 등골 빼 먹지 말라고…….

딸 : (버럭 소리 지르며) 알았다고! 내가 눈에 안 띄면 될 거 아냐? 짜증나, 대화가 안 통해.

답안 예시

엄마: (딸을 보면서 속이 상하지만 얼굴 표정을 바꾸고 목소리 톤을 좀 더 밝게 내며) 우리 딸, 지금 뭐하고 계세요?

딸 : 잠깐 쉬는 거야.

엄마: 그래, 학교 갔다 와서 힘들지? 그런데 또 학원 가려면 얼마나 힘들까?(엉덩이를 한 번 두들겨 주면서) 학교나 학원 숙제는 없니?

딸 : 숙제 없어요.

엄마: 그렇구나. 숙제가 없어서 좋겠네. 그래도 예습이나 복습은 좀 하시지 그래(딸의 머리의 롤을 쓰다듬으며). 우리 딸, 누구에게 예쁘게 보일 사람이 있나 보네. 학원에 가면 관심 가는 남학생이라도 있어?

딸 : (멋쩍어하면서) 아니야. 머리가 삐쳐서 그래…….

엄마: 그렇구나! 몰랐지. 우리 딸 이렇게 예쁜데 롤까지 말고 더 예쁘면 남학생들한테 인기가 좋겠는데?

딸 : (어안 벙벙)

엄마: (다시 한 번 더 다정스러운 목소리로) 멋진 남학생 만나려면 얼굴도 예뻐야 하지만 머릿속에 든 것도 많아야 한단다. 공부를 열심히 하면 얼굴표정에서 '지적인 여학생'이 저절로 나타나. 넌 네가 관심 있는 남학생이 얼굴만 잘생긴 것보다는 아는 것도 많고 공부도 잘하면 더 멋있어 보이지 않니?

딸 : (수긍하며) 응, 그건 그래.

엄마: 며칠 전 텔레비전에서 보니까 꿈과 목표를 가지고 열심히 사는 모습을 보니까 얼굴이라는 외모에서 풍겨지는 아름다움이 아니라 정말 살아가는 그 모습 자체가 아름다워서 외모도 더 돋보이더라. 이제 우리 딸도 중학생이 되었으니, 앞으로 네가 좋아하는 일이 무엇이고, 어떻게 살아가야 할이지 한 번 생각해 보는 것도 좋을 것 같아.

딸 : (웃으며) 응. 엄마. 나도 생각해 봤는데 만화가가 되고 싶어.

엄마: 어머, 그러니? 엄마는 왜 몰랐을까? 미안하네. 우리 딸이 만화에 관심 있어 하는지……. 어디 한 번 보자꾸나!

딸 : 응. 나 잘 그린다는 소리 들어 엄마.

엄마: (머리를 쓰다듬으며) 아이고, 그렇구나! 당장 한 번 봐야겠네. 우리 딸이 그림에 소질이 있다니! 누굴 닮았을까? 미술을 전공으로 해야겠구나.

딸 : (멋쩍어 하면서) 뭐, 엄마 아빠 닮았겠지.

엄마: 그래, 그런데 미술대학이나 만화 관련해서 대학에 가려도 요즘은 성적이 중요하다더라. 엄마가 이제 알았으니, 우리 딸이랑 잘 계획을 세워보자꾸나.

2) 변호적 메시지로 대화하기

자녀를 변호해 주는 질문은 추궁하는 느낌이 없어서 자녀에게 저항감을 최소화하고, 부모님의 감정도 차분하게 만드는 효과가 있다. 역지사지의 입장, 옹호적 입장, 변론하는 입장에 바탕을 두고 있어서, 자녀들은 부모로부터 잔소리나 벌을 받아야 할 상황에서 오히려 선물을 받는 것처럼 느끼게 된다. 변호적 메시지로 자녀에게 다가가면 거짓말이나 변명 대신 솔직한 대답을 들을 수 있다. 또한 자녀와의 관계에서 발생하게 되는 저항을 최소한으로 줄이고, 건설적인 협력 관계를 맺게 되며 자녀의 올바른 성장을 지향하는 아주 중요한 대화기법이다. 부모의 역할은 권위에 의해 이루어지지 않는다.

다음 상황에 대한 변호적인 메시지로 빈칸을 채워 보세요.

너 - 메시지 (You-Message)	나 - 메시지 (I-Message)	변호적 메시지 (For You-Message)
분리수거 해		
책상 정리정돈 좀 해라!		
넌 만날 그렇게 게임만 하고 공부는 언제 하니?		
또 늦게 들어왔어?		
'너'를 추궁하는 질문형식. 저항감이 크다	'나'의 감정을 표현하는 형식. 저항감이 약간 줄어든다.	'너'의 사정을 변호하는 형식. 저항감이 대폭 줄어든다.

◀ 실제적용 - 정답 예시안 ▶

너 - 메시지 (You-Message)	나 - 메시지 (I-Message)	변호적 메시지 (For You-Message)
분리수거 해	엄마는 집안청소를 모두 혼자 해야 하니 참 많이 힘드네. 우리 ○○가 자기 방 쓰레기를 분리해서 버려주면 참 고맙겠다.	○○야, 많이 바쁘겠지만 엄마랑 같이 분리수거를 좀 하면 안 되겠니? 친구랑 놀아야 되고 또 할 일들이 많지? 그래도 엄마를 좀 도와주면 참 고맙겠다.
책상 정리정돈 좀 해라!	엄마는 집안청소를 혼자서 하려니 참 많이 힘드네. 우리 ○○가 자기 방 책상만이라도 좀 정리정돈해 주면 참 고맙겠구나!	○○야, 하루 종일 학교에서 공부하고 또 학원에도 가야 하고 정말 힘들지? 아침에 또 일어나기도 싫고? 그래서 책상을 정리할 시간이 없는 거지? 그래도 책상을 정리정돈하는 작은 습관을 가지면 자신의 생활도 계획적이 되고 하루가 상쾌해진단다. 한 번 그렇게 해 보는 것이 어떻겠니?
넌 만날 그렇게 게임만 하고 공부는 언제 하니?	○○야, 엄마는 네가 매일 컴퓨터 앞에서 게임만 하고 있으니까 걱정이 많이 된단다. 시간을 조정해서 공부도 좀 하는 것이 어떻겠니?	○○야, 하루 종일 학교에서 공부만 하고 와서 스트레스가 많지? 그래서 컴퓨터 게임으로 하루의 피곤을 푼다고 생각이 된다. 하지만 너무 게임만 하다 보면 오히려 스트레스가 더 쌓인단다. 좀 조정하는 것이 어떨까?
또 늦게 들어왔어?	○○야, 엄마는 네가 늦게 들어와서 걱정이 많이 되었단다. 잠도 잘 못 자고, 혹 무슨 일이라도 생겼을까 봐 정말 가슴이 조마조마했어!	○○야, 친구랑 노는 것이 너무 재미있어서 시간 가는 줄 몰랐나 보다. 그런데 엄마는 요즘 세상이 하도 무서워서 네가 들어오다가 혹시 무슨 일이라도 생겼을까봐 정말 걱정을 많이 했어. 친구와 노는 것이 재미있어도 시간을 잘 보면서 좀 더 서둘러 집에 오면 안 될까?
'너'를 추궁하는 질문형식. 저항감이 크다.	'나'의 감정을 표현하는 형식. 저항감이 약간 줄어든다.	'너'의 사정을 변호하는 형식. 저항감이 대폭 줄어든다.

3) 잘 듣기

자녀를 이해한다는 것은 잘 듣는 데서부터 시작이 된다. 무엇을, 어떻게 들어야 한다는 것을 의미할까?

☞ **무엇을 들을 것인가?**

가) 비음성 언어(비언어적인)를 잘 들어야 한다.

비음성적인 언어로 자신의 음성언어로 전달하는 메시지를 보다 강조하거나 혹은 부정하게 된다.

(예) 시선처리, 입모양, 얼굴표정, 고개 움직임, 어깨 움직임, 팔과 손의 동작, 다리와 발의 동작, 전체 몸의 자세, 목소리 높이와 빠르기 등

나) 음성언어를 잘 들어야 한다.

음성언어란 바로 말한 내용에 해당되는 것인데, 말한 내용은 크게 세 가지로 나눌 수 있다.

－첫째, 실제 경험한 사실이나 사건(예: 실연했다. 친구와 다투었다.)

－둘째, 생각(예: 실수를 하면 사람들이 나를 깔본다.)

－셋째, 정서와 감정(예: 나는 뚱뚱해서 우울하다. 시험을 망쳐 절망스럽다.)

◀ 실제 적용 1 ▶

자녀들과의 대화에서 말을 잘 듣고 있었는가에 대해 검토해 봅시다. 다음 각 문항에 자신이 얼마나 해당되는지 알아봅니다. 자신에게 그런 점이 있으면 1점, 없으면 0점이 주어집니다.

1. 말할 때 눈을 마주치지 않고 피한다. (   )
2. 말을 자주 막는다. (   )
3. 자녀보다 더 많이 말한다. (   )

4. 자녀의 감정을 염두에 두지 않는다. (   )

5. 충고(잔소리)를 많이 한다. (   )

6. 많은 질문을 한다. (   )

7. 대화할 때 멀리 떨어져 앉는다. (   )

8. 주제를 계속해서 바꾼다. (   )

9. 자녀의 말을 듣는 것보다 나의 일에 신경을 쓰고 있다. (   )

10. 자녀가 무슨 말을 할 것인지 예상하고 있어서 자녀의 말을 충분히 듣지 않는다. (   )

합계 (   )

☞ **어떻게 들을 것인가?**

자녀의 말을 어떻게 듣느냐에 따라 자녀는 자신이 이해받고 있다고 느낄 수도 있고, 무시받았다고 느낄 수도 있다. 학생의 말을 듣는 방법으로는 '소극적 청취'와 '적극적 청취'로 나누어 볼 수 있다.

가) 소극적 청취

　　자녀의 말에 대하여 잘 듣고 있음을 전달하는 방법이다.

예) 적절하게 고개를 끄덕임, 단순한 음성반응(으흠, 아, 예, 그래, 저런 등)

나) 적극적 청취

　　소극적인 반응을 넘어서서 보다 적극적으로 자신이 청취하고 있음을 전달하여 자녀가 자기 탐색을 보다 촉진하도록 할 수 있다.

▶ 바꾸어 말하기(재언급): 자녀가 말한 내용을 부모의 표현방식으로 바꾸어 말해 주는 방식이다. 바꾸어 말하기는 혼돈되는 내용을 명료화시켜주며, 여러 가지로 언급된 이야기를 하나로 묶어주며, 가장 중요한 대목을 요약해 주는 데 효과적이다.

▶ 반영하기: 자녀가 경험한 세계를 이해하는 것이고, "내가 느끼고 보는 방식대로 내가 너의 세계를 정확히 파악할 수 있다"는 것을 자녀에게 전달해 주는 것이다.

자녀가 말한 내용에 귀를 기울이는 것보다는 그 내용 뒤에 숨겨진 감정을 파악하고, 자녀가 직접적으로 언급하지 않은 감정까지도 재빨리 파악하여 반영시켜 줄 수 있다.

▶ 요약하기: 자녀가 한 이야기를 듣고 나서 그 사건의 내용과 자녀의 감정을 종합해서 간결하게 전달하는 것이다. 요약은 자녀에 대한 탐색을 촉진하고 부모가 제대로 지각하고 있는지를 점검하게 한다.

◀ 실제 적용 1 ▶

> 난 얼굴도 못생기고 공부도 못하고, 또 다른 것, 특별히 뭘 잘 하는 게 없으니까 아이들이 자꾸 날 우습게 보고 놀리는 것 같아. 애들이 내가 무슨 말을 하면 엉뚱하고 바보 같은 사람으로 보는 것 같아서 말을 잘 할 수 없어요. 애들도 이젠 내가 이런 문제가 있다는 것을 다 알아 버렸어요. 수업시간에도 이런 것이 신경 쓰이니까 공부에 집중도 잘 안 돼요.

☞ 요약하기:

☞ 바꾸어 말하기:

☞ 반영하기:

◀ 실제 적용 1의 예시답안 ▶

☞ 요약하기: ○○가 하는 말을 들어보니까 ○○가 특별히 잘하는 것이 없어서 친구들이 너를 우습게 보고 놀리고 있다고 생각하고 있구나. 그래서 공부도 잘 안 되고?

☞ 바꾸어 말하기: ○○는 자신에 대해 모든 면에서 자신이 없다는 것을 이야기하고 싶은 거구나. 그래서 학교생활이 힘들다고 느끼는 거지?

☞ 반영하기: ○○는 자신이 아무것도 잘하는 것이 없어서 학교생활이 힘들구나! 그래서 ○○는 지금 마음이 많이 힘들겠다.

4) 공감적으로 이해하기

공감적 이해란 자신이 직접 경험하지 않고도 다른 사람의 감정을 거의 같은 내용과 수준으로 이해하는 것이다.

'공감적'이라는 것은 자녀가 말하는(**관찰될 수 있는**) 것으로부터 자녀의 감정, 태도 및 신념 등(**잘 관찰될 수 없는 것**)에 대하여 정확하게 의미를 포착하는 것이라고 풀이할 수 있다. 이를 위해서는 마치 자녀의 안경을 쓰고 사물을 보는 것과 같이 자녀가 지니고 있는 느낌의 틀을 이용하여 자녀의 생각과 감정을 이해할 수 있어야 한다(**감수성 차원**). 자녀의 감정에 공감할 수 있는 능력 못지않게 중요한 것은 공감을 하고 있음을 전달할 수 있는 능력이다. 자녀에게 자신의 감정을 공감하고 있음을 전달할 수 있을 때에 자녀는 자신이 이해받고 있다는 느낌을 갖게 되고 자신을 깊이 드러내 보일 수 있게 된다(**커뮤니케이션 차원**).

자녀의 마음을 이해하는 데 걸림돌이 되는 말 - 부모 입장에서 이해 -	자녀의 마음을 이해하는 데 도움이 되는 말 - 자녀의 입장에서 이해 -
1. 충고: 네 방법으로는 안 돼. 내 말대로 해봐.	1. 관심 갖기: 안색이 안 좋은데 무슨 일 있니?
2. 기죽이기: 네 방법이 잘 될까?	2. 장점 찾기: 그래 너는 여러 가지 면에서 생각할 줄 아는 구나!
3. 밀어붙이기: 내 말이 틀림없어. 내 말대로 해봐.	
4. 회피하기: 난 모르겠어. 네가 알아서 해.	3. 들어주기: 아 그랬어? 좀 더 자세히 말해 줄래?
5. 반박하기: 네 말이 왜 틀렸냐 하면… 너는 …을 전혀….	4. 열린 제안하기: 나의 이런 생각들도 참고해 볼 수 있겠니?
6. 추궁하기: 꼭 그렇게밖에 선택을 못 하겠니?	5. 존중하기: 네 말도 일리가 있어
7. 헐뜯기: 너는 꼭 그 방법밖에 생각 못 하니?	6. 격려해 주기: 좋은 생각인 것 같아. 너에게 잘 맞을 거야
8. 빈정대기: 그런 계획이 잘 될 거 같니? 그래 어디 한번 해봐라.	7. 열린 질문하기: 너는 어떻게 해결해 왔니?
9. 무시하기: 네 방법은 말이 안 돼. 네 생각은 엉터리야.	8. 덮어주기: 너무 낙심하지 말고 잘 계획을 세워봐
10. 비난하기: 너는 한쪽으로밖에 생각을 못 하니?	9. 용기주기: 그래 그거 참 좋은 생각이구나.
11. 명령하기: 너는 반드시 …해야 한다 → 저항, 공포, 말대꾸	10. 요약하기: 지금까지의 얘기를 정리해 볼까?
12. 경고하기: 만약 …하지 않으면 그때는 → 원망, 분노, 저항	11. 지지하기: 네 문제는 잘 해결될 거야.
13. 동정하기: 기운 내! 나아질 거야 → 이해부족이라 느낌	12. 계속 돕기: 내 도움이 필요하면 언제든지 연락해.

부모님이 생각하시는 자녀는 어떤가요?

♠ 태어나서~유치원

○○를 다섯 글자로 표현한다면? ☞
○○에게 걸었던 희망이 있었다면? ☞
다시 이 시기로 돌아간다면 ○○에게 해주고 싶은 일은? ☞

♠ 초등학교

○○를 다섯 글자로 표현한다면? ☞
○○에게 걸었던 희망이 있었다면? ☞
다시 이 시기로 돌아간다면 ○○에게 해주고 싶은 일은? ☞

♠ 중학교

○○를 다섯 글자로 표현한다면? ☞
○○에게 희망이 있다면? ☞
지금 ○○에게 해주고 싶은 일은? ☞

자녀의 진로유형

직업흥미
직업적성
가치관
진로성숙도

* 홀랜드 유형(RIASEC) 참고자료

유 형 (별칭)	성격 특징	적 성	전 공	직 업
R (실재형) 뚝딱이	솔직하고, 성실하고, 검소하며, 신체적으로 건강하고, 소박하고, 말이 적으며, 기계적 적성이 높다.	기계능력은 있으나 대인관계능력이 부족하다.	공과대학, 기계공학과, 전자공학과, 화학공학과, 농과대학, 축산대학, 컴퓨터공학	기술자, 소방대원, 농부, 동물전문가, 요리사, 목수, 피아노조율사, 운전기사, 어부, 엔지니어, 기계기사, 정비사, 전기기사, 운동선수, 건축가, 도시계획가
I (탐구형) 따지기	탐구심이 많고, 논리적·분석적·합리적이며, 지적호기심이 많고, 수학적·과학적 적성이 높다.	학구적, 지적 자부심은 높으나 지도력, 설득력이 떨어진다.	자연대학, 의과대학, 화학과, 생물학과, 수학과, 천문학과, 사회학과, 심리학과, 유전공학과	과학자, 발명가, 학자, 물리학자, 천문학자, 수학교사, 비행기조종사, 의사, 생물학자, 화학자, 수학자, 저술가, 지질학자, 편집자
A (예술형) 튀는 아이	상상력이 풍부하고, 감수성이 강하며, 자유분방하며 개방적이고, 예술에 소질이 있으며 창의적 적성이 높다.	미술과 음악적 능력은 있으나 사무기술이 부족하다. 체계적 구조적 활동에 흥미가 없다.	예술대학, 음악, 미술, 도자기 공예과, 연극영화과, 국문학과, 영문학과, 무용과	예술가, 화가, 연예인, 가수, 예술가, 시인, 무용가, 조각가, 작가, 소설가, 디자이너, 연극인, 음악평론가, 만화가
S (사회형) 수다쟁이	다른 사람에 친절하고 이해심이 많고, 남을 도와주려고 하고, 봉사적이며, 인간관계 능력이 높으며, 사람들을 좋아한다.	사회적, 교육적, 지도력과 대인관계 능력은 있으나 기계적, 체계적 능력은 부족하다.	사회복지학과, 사범대학, 교육학과, 심리학과, 가정학과, 간호학과, 재활학과, 레크리에이션학과	교사, 임상치료사, 사회복지사, 유치원 교사, 스튜어디스, 학교교장, 외교관, 응원단원, 대학교수, 양호교사, 간호사, 청소년지도자, 종교지도자, 상담가, 사회사업가
E (기업형) 나서기	지도력과 설득력이 있으며, 열성적이고, 경쟁적이고 야심적이며, 외향적이고 통솔력이 있으며, 언어적성이 높다.	적극적, 사회적이며, 언어능력은 있으나 과학적 능력, 체계적 능력이 부족하다.	경영학과, 경제학과, 정치외교학과, 법학과, 무역학과, 사관학교, 정보학과, 보험관리과	정치가, 기업경영인, 광고인, 영업사원, 보험 사원, 관리자, 공장장, 판매관리사, 매니저, 탐험가, 변호사, 영화감독, 아나운서, 사업가, 사회자(MC), 여행안내원, 자동차 판매원
C (관습형) 꼼꼼이	책임감 있고, 빈틈이 없으며, 조심성 있고, 변화를 좋아하지 않으며, 계획성 있고, 사무능력과 계산능력이 높다.	사무적이고 계산적이며 정확성은 있지만 탐구적 독창성이 부족하다.	회계학과, 무역학과, 행정학과, 도서관학과, 컴퓨터학과, 세무대학, 정보처리학과, 법학과	회계사, 세무사, 경리사원, 은행원, 법무사, 공무원, 회사원, 경비원, 약사, 비서, 우체국 직원, 통역사, 보디가드

출처: 2007 학생상담자원봉사자 심화연수 교재 중 김봉환(숙명여자대학교 교수)

☆ 부모님의 ○○월 중 확인표 ☆

"멈추지 않는 우리의 꿈이 있는 한 오늘도 승리하는 삶"

－안치환의 노래 중－

★ 부모님 Check list ★

월	화	수	목	금	토	일
				17	18	19
20	21	22	23	24	25	26
27	28	29	30			

★ 자녀 Check list ★

월	화	수	목	금	토	일
				17	18	19
20	21	22	23	24	25	26
27	28	29	30			

☻ 위의 표에 부모님과 자녀는 다음과 같이 표시를 해야 합니다.

☼ : 100% 완벽!!!하게 지켰어요.

☜ : 50% 정도 지켰어요.

⚡ : 잉잉, 왜 그러지? 잘 되지 않아요.

나~ 할 말 있다고~ ^^* 자유 발언대 ^^*

날짜	자유 발언대
17일(금)	
18일(토)	
19일(일)	
20일(월)	
21일(화)	
22일(수)	
23일(목)	
24일(금)	
25일(토)	
26일(일)	
27일(월)	
28일(화)	
29일(수)	
30일(목)	

2회기 자녀의 적성과 흥미에 따른 진로 이해하기

구 성	2회기	시간	100분	내용	자녀의 진로발달 단계에 대해 이해하고 협력적 관계 형성하기
목 표					

구 성	2회기	시간	100분	내용	자녀의 진로발달 단계에 대해 이해하고 협력적 관계 형성하기
목 표	1. 다양한 직업세계 및 미래의 직업세계의 특성에 대해 이해한다. 2. 자녀의 적성과 흥미에 따른 자녀의 진로를 이해한다. 3. 자녀의 진로발달단계에 대한 이해를 통해 자녀의 진로에 관심을 갖고, 정체성 혼란기의 자녀가 갖는 진로에 대한 모호함을 이해한다. 4. 자녀의 진로설계에 대해 이해하고 자녀와 협력관계를 구축한다.				
주요 내용	1. 일의 세계가 변화되면서 자녀가 미래에 진입하게 될 직업세계의 특성에 대해 이해한다. 2. 자녀의 적성과 흥미에 따른 자녀의 진로방향에 대해 함께 나눈다. 3. 자녀의 진로발달 단계에 대한 설명과 자녀의 진로에 대한 부모의 고민을 공유한다. 4. 자녀의 진로설계를 이해하고, 직업정보탐색을 적극적으로 조력하는 방법을 학습한다.				
준비사항	평가지, 활동지, 필기구, 색도화지, 매직, 색연필, 사진기				
활동 내용	**도입**	1. 연수 내용 소개 2. 지난 회기에 대한 소감나누기 및 친밀감 형성(10분) －지난 시간 과제 1, 2의 수행여부 및 애로점에 대해 나눈다. －모범적으로 수행하고, 자녀와의 관계가 개선된 사례에 대한 긍정적 강화와 선물을 준다.			
	전개	3. 다양한 직업세계, 미래의 유망직업 세계에 대한 소개(30분) 1) 커리어넷을 통해 다양한 직업세계 및 청소년들의 꿈에 대해 알아보고 자녀가 원하는 직업에 대해 이해한다(꿈을 향해 쏴라 중 청소년들의 진로탐색, My 꿈 Story). 4. 자녀의 진로발달단계 설명 및 진로방향에 대한 고민 나누기(20분) 1) 자녀의 진로적성, 흥미 및 직업가치관, 성숙도에 대해 이해한다(4회기 활동자료 참고). 2) 자녀의 적성과 흥미에 따른 진로방향에 대해 소집단별(2인)로 공유하고 발표를 통해 나눈다. 5. 휴식(10분) 6. 자녀의 진로설계에 협력하는 방법 학습(20분) 1) 자녀양육(진로포함)에 도움이 될 '부모 십계명'을 작성한다. 2) 집단별 부모 십계명을 나누며 공통된 '부모 십계명'을 만든다. 3) 각자 가정에서 자녀에게 적용할 '부모 십계명'에 대해 설명하고 이행할 구체적 방법에 대해 공유하며 약속한다.			
	마무리	7. 마무리 및 평가(10분) 1) 오늘 활동한 내용에 대한 느낀 점을 중심으로 활동에 대한 소감을 자유롭게 나눈다. 2) '부모 십계명'을 냉장고에 잘 걸어두고, 수행할 수 있는 체크리스트를 나누어 준다(과제 3). －아버지가 할 수 있는 역할 부여하기 －십계명을 잘 수행할 수 있도록 독려하며, 체크리스트를 작성하도록 과제(과제3)를 준다. 3) 다음 시간의 활동에 대해 소개한다. －자녀와 함께하는 활동에 대해 소개하면서, 자녀의 직업인과의 만남에 대해 관심을 가지고 함께하도록 독려한다. 4) 단체 사진을 찍고 마무리한다.			

부모 십계명

계명 1	
계명 2	
계명 3	
계명 4	
계명 5	
계명 6	
계명 7	
계명 8	
계명 9	
계명 10	

나 _____은(는) 우리 _____와 함께

가정에서 위 사항들에 대해 가족들이 함께 성실히 노력 할 것을 서약합니다.

201*.   .

작성자   아버지:_____인   어머니 _____인

☆부모님의 ○월 & ○월 중 확인표☆

"멈추지 않는 _____의 꿈이 있는 한 오늘도 승리하는 삶"

★ 부모님(아버지, 어머니) Check list ★

월	화	수	목	금	토	일
				22	23	24
25	26	27	28	29	30	31
1	2	3	4	5	6	7
8	9	10	11	12	13	14
15	16	17	18	19	20	21
22	23	24	25	26	27	28
29	30					

★ 자녀 Check list ★

월	화	수	목	금	토	일
				22	23	24
25	26	27	28	29	30	31
1	2	3	4	5	6	7
8	9	10	11	12	13	14
15	16	17	18	19	20	21
22	23	24	25	26	27	28
29	30					

☻ 위의 표에 부모님과 자녀는 다음과 같이 표시를 해야 합니다.

☼: 100% 완벽하게 지켰어요, ☁: 50% 정도 지켰어요, ⚡: 왜 그러지? 잘 되지 않아요.

* 아빠의 한마디:

* 엄마의 한마디:

* ____의 한마디:

〈1, 2 회기 프로그램 평가지〉

____학년 ____반 _____학생 _____학부모

♣ 첫 번째 시간의 프로그램에서 느낀 바를 솔직하게 답해 주세요.

내 용	전혀 그렇지않다	그렇지 않다	보통	그렇다	매우 그렇다
1. 프로그램을 통해 부모님 자신에 대한 이해의 시간이 되었다.					
2. 프로그램을 통해 청소년기에 대한 이해의 시간이 되었다.					
3. 프로그램을 통해 자녀의 적성과 흥미에 대해 알게 되었다.					

♣ 두 번째 시간의 프로그램에서 느낀 바를 솔직하게 답해 주세요.

내 용	전혀 그렇지않다	그렇지 않다	보통	그렇다	매우 그렇다
4. 자녀의 적성과 흥미에 따른 자녀의 진로에 대해 이해하게 되었다.					
5. 자녀의 진로에 대한 관심이 생겼다.					
6. 자녀의 진로발달단계에 대한 이해의 시간이 되었다.					
7. 자녀의 진로설계에 대해 이해하였다.					
8. 자녀의 진로설계에 대해 자녀와 협력하고 노력할 것이다.					

9. 전반적으로 오늘의 프로그램에 대해 만족하십니까?

(1~10점 중에서   점)

10. 오늘 진행되었던 프로그램에 대한 소감과 건의사항에 대해 기입해 주십시오.

```



```

* 수고하셨습니다. 자녀의 꿈에 함께 한 발짝 다가서는
부모님의 모습이 참으로 멋있습니다. ^^*

〈참여 학부모 설문조사 – 사후 설문지〉

1. 귀하께서는 다른 학부모에게 자녀와 함께하는 **진로탐색 집단프로그램에 참여하도록 권유할 의사가** 있습니까?

　　___① 예　　　　　　　　___② 모르겠다　　　　　　　　___③ 아니오

2. 귀하께서 참여하신 **진로탐색 집단프로그램의 내용에 대해 전반적으로 만족**하십니까?

　　___① 예　　　　　　　　___② 모르겠다　　　　　　　　___③ 아니오

3. 귀하께서 참여하신 진로탐색 집단프로그램에서 **도움이 되었던 프로그램**은 무엇입니까?

(여러 번호 체크 가능)

　___① 1회기(자신과 자녀에 대한 이해)

　___② 2회기(자녀의 진로발달에 대한 이해와 자녀와의 진로협력 구축하기)

　___③ 3회기(자녀의 진로설계 함께하기)

　___④ 4회기(자녀의 관심 직업인 탐방)

4. 위에서 가장 도움이 되었던 내용은 무엇이었는지, 어떤 부분이 도움이 되었는지에 대해 구체적으로 기술해 주십시오.

　　　* 설문에 응해 주셔서 진심으로 감사합니다.

　* 학생과 학부모님 모두에게 유용한 프로그램이 되도록 열심히 노력하겠습니다.

Ⅳ. 교사연수
- 학생에 대한 이해와 진로지도의 중요성 -

1. 들어가며

요즈음 학생들이 고민하는 문제는 매우 다양하며 문제의 해결이 단순하지 않고 복잡한 것 들이 많다. 이른 사춘기로 인한 이성문제, 매스미디어의 영향에 따른 인터넷 과다사용, 흡연, 폭력, 음주 등의 문제는 날로 심각해져가고 있다.

아동·청소년의 정신건강실태 조사에 따르면 중고교생의 17%가 우울증 고위험군이며, 초등학생의 11%가 ADHD(주의력결핍 과잉행동장애) 고위험군으로* 우울, 불안, ADHD 등 정신건강 문제로 정밀검진이 필요한 학생비율이 초등학생의 15.6%, 중학생의 17.8%, 고교생의 17.6%를 차지하고 있는 것으로 나타났다. 이들의 정신건강질환의 공통된 특성은 인터넷 중독을 앓는 대부분의 학생이 우울증과 ADHD를 앓고 있으며 대부분 양육자가 없는 경우, 발생빈도가 높은 것으로 나타나** 학생의 문제요인들이 학생 개인의 문제가 아님을 알 수 있다.

이처럼 학생들이 경험하는 문제의 대부분이 학생 개인적인 측면뿐만 아니라 가정적인 요인, 학교 요인 그리고 사회적 요인 등 다양한 요인이 상호 복합적으로 작용하여 나타나는 경우가 대부분으로 학생들의 문제가 단순한 형태가 아니라 매우 복잡하고 다양한 양상으로 나타나고 있어 사회의 관심과 우려도 증가하고 있다.

일반학생들에 대한 지도뿐만 아니라 학교생활에 어려움을 겪고 있는 부적응 학생들에 대한 교사들의 지도는 더욱 어려운 문제로 부각되고 있다. 학교생활부적응 학생들은 단순히 학교에서만 부적응을 일으키는 것이 아니라 자신의 삶 전체에 있어서 어려움을 겪고

---

* 보건복지가족부, 「아동청소년 정신건강선별검사」, 2009년.

** 교육과학기술부, 「학생정신건강선별검사」, 2009년.

있는 경우가 많은데, 이들 학교생활부적응 학생들의 부적응 행동 유형이나 원인 및 경위는 매우 다양하고 복잡하지만 대부분 자신이 학교에 다녀야 하는 이유와 공부를 해야 하는 이유를 모르며, 앞으로 어떻게 살아야 할지에 대한 희망과 삶의 목적의식이 없다는 것이다.

이에 학생을 지도하고 있는 교사들도 학생들이 갖는 고민이나 문제들에 대해 보다 더 심도 있는 관심과 지도가 필요하다. 즉, 다양하고 복합적인 문제를 가진 학생들의 문제를 학교 내에서 교사들만의 힘으로 풀어내기 힘든 과제가 되어버렸으며 학생문제에 대한 접근 방법이 과거와는 다른 패러다임을 가져야 할 필요성이 있다.

2. 학생에 대한 이해

1) 강점을 발견하고 칭찬하라

최악의 상황에서도 희망을 잃지 않게 하는 것이 상담자의 의무이다. 강점을 발견하고 계발하여 잘 활용하도록 돕는 것은 매우 유용한 접근방법이다. 특히 위기 상담의 경우, 미래에 대해 강력한 긍정과 희망의 주문을 거는 것으로 단점으로만 생각했던 모든 것들을 장점으로 승화시킬 수 있다는 확신을 갖게 되면 그 확신이 바람직한 변화를 불러온다. 주의할 점은 진심으로 상대방의 강점을 믿고 솔직해야 긍정의 메시지를 전달할 수 있으며 그것은 변화로 연결될 수 있기 때문이다.

상대의 강점을 지속적으로 강화시켜 줄 수 있는 좋은 표현방법 중의 하나는 칭찬이다. 칭찬은 상대방의 장점, 강점, 좋은 점에 초점을 두는 것으로 다음과 같은 7가지의 원리가 있다. 칭찬을 받는 아동의 발달단계나 성격유형, 성취수준, 능력에 맞게 칭찬의 내용과 방법을 다르게 **개별화**하여야 한다. 칭찬은 동일한 행동에 동일하게 칭찬하며 칭찬받은 내용과 강도가 **일관성**이 있어야 하며 필요한 만큼 **충분**하게 하여야 한다. 칭찬하기로 마음먹었다면 상대가 만족스럽다고 느낄 만큼 아낌없이 충분하게 칭찬해야 한다. 또한 칭찬은 칭찬 사이의 간격 또는 시간의 지연에 따라 달라지므로 **타이밍**이 중요하며 진정 어린 자세로 진지하고 순수하며 **진정** 어린 마음으로 칭찬을 해야 한다. 칭찬은 상대방의 행동을 자세히 기술하여 **구체적**으로 칭찬해야 하며 칭찬거리를 객관적으로 하는 것이 아니라 칭찬하는 사람이 **창의적**으로 찾아내어야 한다. 칭찬은 고래도 춤추게 하며 귀신도 웃는다는 속담이 있을 정도로 사람들은 칭찬을 좋아한다. 사람들의 내면엔 중요한 인물이 되고 싶다는 욕망은 인간의 가장 뿌리 깊은 욕구이며 이는 상대방에게 인정받고 싶은 기대감이라 말할 수 있다. 교사들의 진정 어린 칭찬은 학생들의 삶과 학교생활의 변화를 가져다 줄 것이다.

◀ 실제 적용 ▶
각 사례에 대해 강점을 찾아봅시다.

사례 1
가출을 아홉 번 하고 집으로 돌아온 아이

사례 2
중1인 진수는 집단따돌림을 당하고 있다. 비만이지만 얼굴에는 버짐이 피어 있어 영양상태가 고르지 않고 교복은 늘 지저분하다. ADHD로 수업시간마다 짝을 괴롭히거나 앞뒤의 친구를 건드리며 수업분위기를 흐려 교과목 교사마다 이구동성으로 구제불능이라고 한다.

진수는 어머니와 초등학교 2학년 여동생과 함께 살고 있으며 아버지는 사기 및 폭력죄로 수감 중이다. 어머니는 일용직으로 새벽에 나가면 밤늦게 들어오며 아이들을 돌볼 시간이 없고 몇 푼 되지 않는 벌이는 모두 남편이 진 빚을 갚는 데 써야 한다.

진수는 이런 가정형편에도 여동생을 돌보며, 자신이 준비해야 하는 학습 준비물에 대해 집에 돈이 없어서 가져오지 못한 거라 하며 부끄러워하지 않고 자신 있게 이야기한다. 자신도 다른 아이들처럼 단돈 천 원이라도 용돈을 받아 보았으면 좋겠고, 학원이나 과외를 받아보고 싶어 하며, 집에 컴퓨터가 있으면 좋겠다고 한다. 학과 성적은 꼴등이지만 노래 부르는 것을 매우 좋아한다.

2) 유연하고 개방적인 사고방식 갖기

상담은 지시적 상담과 비지시적 상담이 있다. 지시적이라는 것은 교사라는 권위를 가지고 훈계를 하게 되는 것으로 학생들의 마음의 문을 여는 것에 걸림돌이 된다. 물론 학생이 규범이나 규칙을 어겨서 지적할 때에는 구체적인 행위를 언급해야 하지만 아무리 고상한 가치라 해도 권위적인 훈계나 지시는 학생들의 저항이 따르기 마련이다. 그러므로 교사 스스로 유연하고 개방적인 사고방식을 가질 수 있도록 늘 훈련해야 한다.

◀ 실제 적용 ▶
아래 상황에 대해 유연하고 개방적인 사고로 대처해 봅시다.

사례 1
- 수업시간에 선생님 말씀을 듣지 않고 떠든다.
- 청소시간에 뺀질거리고 논다.
- 공격성이 높고 다른 아이들을 괴롭힌다.
- 학교에 지각한다.
- 요리조리 핑계를 많이 댄다.

상황 1
중간고사를 치르던 날, 시험이 끝났음을 알리는 종소리가 울렸다. 두식이는 OMR카드에 미처 표기를 다하지 못한 상태였다. 시험 감독 선생님은 손을 내밀어 답안지를 걷으려고 했다.
"답안지 내라."
당황한 두식이는 무의식적으로 중얼거렸다.
"아, 씨팔……."
조용한 교실이라 그 소리는 크고도 또렷하게 울렸다. 놀란 학생들의 시선이 집중되었다. 선생님을 잠시 놀랐지만, 차분한 목소리로 말했다.

"두식아, 설마 그 욕을 나에게 한 것은 아니겠지? 네가 시간 내에 마킹을 다 하지 못해서 굉장히 흥분해 있나 보구나! 그래도 선생님에게 그렇게 욕을 하면 안 되는 거지? 지금 사과하거라!"

3) 변호적 메시지로 대화하기

상대를 변호해 주는 질문은 추궁하는 느낌이 없어서 듣는 사람의 저항감을 최소화하고, 말하는 사람의 감정도 차분하게 만드는 효과가 있다. 역지사지의 입장, 옹호적 입장, 변론하는 입장에 바탕을 두고 있어서, 학생들은 벌을 받아야 할 상황에서 오히려 선물을 받는 것처럼 느끼게 된다. 변호적 메시지로 학생들에게 다가가면 거짓말이나 변명 대신 솔직한 대답을 들을 수 있다. 상담은 권위나 권력에 의존하지 않는다. 인간관계에서 발생하는 저항을 최소한으로 줄이고, 건설적인 협력 관계에서 성장을 지향하는 과정이다. 교사가 상담자로서 역할을 하고 싶을 때에는 학생과 수직적인 관계가 아닌 마주 보는 관계가 되도록 이끌어야 한다. 교사로서의 권위를 실추시키는 것이 아니라 교사로서의 위상은 학생들이 갖고 있기 때문에 이에 대해 의심을 하거나 두려워해서는 하지 말아야 한다.

◀ 실제 적용 1 ▶
아래의 빈칸을 변호적인 메시지로 채워 보세요.

상황
수업이 한참 진행되고 있는데 혜란이가 주의 집중을 하지 않고 관심을 딴 곳에 두더니 곧 옆의 아이와 잡담을 한다.

교사: "혜란아, 왜 선생님이 말하는데 집중하지 않고 이야기하지?"

학생: "나 안 그랬거든요!"

교사: "그럼 내가 지금 거짓말한다는 거야? 너 이리 나와. 어디서 거짓말이야!"

☞ _____

_____

☞ 혜란아! 무슨 얘기가 그렇게 재미있니? 그렇게 재미있는 이야기면 우리 모두 다 같이 들어보면 안 될까? 앞에 나와서 얘기해 볼래?

☞ 혜란아! 지금 꼭 해야 하는 이야기면 밖에 나가서 하고 올래? 선생님과 친구들이 수업하는 데 방해가 되는구나. 꼭 수업시간에 해야 할 이야기라면 괜찮으니까 교실 밖에 가서 하고 오렴.

◀ 실제 적용 2 ▶

너 – 메시지 (You-Message)	나 – 메시지 (I-Message)	변호적 메시지 (For You-Message)
왜 지각했니?		
왜 자꾸 틀리니?		
왜 떠드니?		
왜 숙제를 안 해 왔어?		
'너'를 추궁하는 질문형식. 저항감이 크다.	'나'의 감정을 표현하는 형식. 저항감이 약간 줄어든다.	'너'의 사정을 변호하는 형식. 저항감이 대폭 줄어든다.

◀ 실제 적용 2 – 예시답안 ▶

너 – 메시지 (You-Message)	나 – 메시지 (I-Message)	변호적 메시지 (For You-Message)
왜 지각했니?	네가 지각하니까, 걱정이 되는구나.	오늘 무슨 일이 있었니? 지각할 만한 이유라도 있었어?
왜 자꾸 틀리니?	자꾸 틀리니까, 안타깝구나.	이 문제가 이해가 안 되나 보구나!
왜 떠드니?	떠드니까 내가 수업을 진행할 수가 없구나!	수업시간에 꼭 해야 할 이야기가 있는 거니?
왜 숙제를 안 해 왔어?	숙제를 안 해오니까 선생님은 네가 공부를 안 하고 있는 것 같아 걱정이 된다.	숙제를 안 해 온 이유가 있니? 혹 어디 아팠니? 아님 어제 집에 무슨 일이라도 있었어?
'너'를 추궁하는 질문형식. 저항감이 크다.	'나'의 감정을 표현하는 형식. 저항감이 약간 줄어든다.	'너'의 사정을 변호하는 형식. 저항감이 대폭 줄어든다.

4) 관심 기울이기

학생에게 관심을 기울이고 집중하는 것은 상담관계에서 가장 기본이다. 우리가 누군가에게 진심으로 관심을 기울이게 되면 그 자체만으로도 상대방이 위로와 격려를 받는 경우가 많다. 그러나 반대로 아무리 훌륭한 조언을 해주고 탐색을 하였다 하더라도 그것이 상대방에 대한 충분한 관심 없이 피상적으로 주어진 것이라고 하면 상대방은 도리어 기분이 상하고 무시받았다는 느낌을 받기 쉽다.

　 －<u>심리적인 주의집중</u>: 마음으로 학생과 같이 있는 것
　 －<u>물리적인 주의집중</u>: 눈 맞춤, 앉는 자세 등과 같은 신체행동을 통하여 학생에게
　　　　　　　　　　　 주의 집중

5) 잘 듣기

학생에 대한 이해는 잘 듣는 것에서 부터 무엇을, 어떻게 들어야 한다는 것을 의미할까?

☞ **무엇을 들을 것인가?**
가) <u>비음성 언어(비언어적인)를 잘 들어야 한다.</u>
　 비음성적인 언어로 자신의 음성언어로 전달하는 메시지를 보다 강조하거나 혹은 부정하게 된다.
(예) 시선처리, 입모양, 얼굴표정, 고개 움직임, 어깨 움직임, 팔과 손의 동작, 다리와 발의 동작, 전체 몸의 자세, 목소리 높이와 빠르기, 복장, 화장, 두발 상태 등
나) <u>음성언어를 잘 들어야 한다.</u>
　 음성언어란 바로 말해진 내용에 해당되는 것인데, 말해진 내용은 크게 세 가지로 나눌 수 있다.

　 －첫째, 실제 경험한 사실이나 사건(예: 실연했다. 친구와 다투었다.)
　 －둘째, 생각(예: 실수를 하면 사람들이 나를 깔본다.)

－셋째, 정서와 감정(예: 나는 뚱뚱해서 우울하다. 시험을 망쳐 절망스럽다.)

◀ 실제 적용 1 ▶

학생들과의 대화에서 말을 잘 듣고 있었는가에 대해 검토해 봅시다. 다음 각 문항에 자신이 얼마나 해당되는지 알아봅니다. 자신에게 그런 점이 있으면 1점, 없으면 0점이 주어집니다.

1. 말할 때 눈을 마주치지 않고 피한다. (　　)

2. 말을 자주 막는다. (　　)

3. 상대방보다 더 많이 말한다. (　　)

4. 상대방의 감정을 염두에 두지 않는다. (　　)

5. 충고를 많이 한다. (　　)

6. 많은 질문을 한다. (　　)

7. 대화할 때 멀리 떨어져 앉는다. (　　)

8. 주제를 계속해서 바꾼다. (　　)

9. 상대방의 말을 듣는 것보다 나의 일에 신경을 쓰고 있다. (　　)

10. 무슨 말을 할 것인지 예상하고 있어서 상대방의 말을 충분히 듣지 않는다.(　　)

합계 (　　)

☞ **어떻게 들을 것인가?**

학생의 말을 어떻게 듣느냐에 따라 학생은 자신이 이해받고 있다고 느낄 수도 있고, 무시받았다고 느낄 수도 있다. 학생의 말을 듣는 방법으로는 '소극적 청취'와 '적극적 청취'로 나누어 볼 수 있다.

가) 소극적 청취

상대의 말에 대하여 잘 듣고 있음을 전달하는 방법이다.

예) 적절하게 고개를 끄덕임, 단순한 음성반응(으흠, 아, 예, 그래, 저런 등)

나) 적극적 청취

소극적인 반응을 넘어서서 보다 적극적으로 자신이 청취하고 있음을 전달하여 여학생이 자기 탐색을 보다 촉진하도록 할 수 있다.

▶ 바꾸어 말하기(재언급): 상대방이 말한 내용을 자신의 표현방식으로 바꾸어 말해 주는 방식이다. 바꾸어 말하기는 혼돈되는 내용을 명료화시켜주며, 여러 가지로 언급된 이야기를 하나로 묶어주며, 가장 중요한 대목을 요약해 주는 데 효과적이다.

▶ 반영하기: 상대가 경험한 세계를 이해하는 것이고, '내가 느끼고 보는 방식대로 내가 너의 세계를 정확히 파악할 수 있다'는 것을 상대방에게 전달해 주는 것이다. 상대가 말한 내용에 귀를 기울이는 것보다는 그 내용 뒤에 숨겨진 감정을 파악하고, 그가 직접적으로 언급하지 않은 감정까지도 재빨리 파악하여 반영시켜 줄 수 있다.

▶ 요약하기: 상대방이 한 이야기를 듣고 나서 그 사건의 내용과 그의 감정을 종합해서 간결하게 전달하는 것이다. 요약은 상대의 탐색을 촉진하고 상담자가 제대로 지각하고 있는지를 점검하게 한다.

6) 공감적으로 이해하기

공감적 이해란 자신이 직접 경험하지 않고도 다른 사람의 감정을 거의 같은 내용과 수준으로 이해하는 것이다.

'공감적'이라는 것은 학생이 말하는(**관찰될 수 있는**) 것으로부터 그의 감정, 태도 및 신념 등(**잘 관찰될 수 없는 것**)에 대하여 정확하게 의미를 포착하는 것이라고 풀이할 수 있다. 이를 위해서는 마치 상대방의 안경을 쓰고 사물을 보는 것과 같이 상대방이 지니고 있는 느낌의 틀을 이용하여 그 사람의 생각과 감정을 이해할 수 있어야 한다(**감수성 차원**). 학생의 감정에 공감할 수 있는 능력 못지않게 중요한 것은 공감을 하고 있음을 전달할 수 있는 능력이다. 학생에게 그의 감정을 공감하고 있음을 전달할 수 있을 때에 자신이 이해받고 있다는 느낌을 갖게 되고 자신을 깊이 드러내 보일 수 있게 된다(**커뮤니케이션 차원**).

학생 마음을 이해하는 데 걸림돌이 되는 말 - 교사 입장에서 이해 -	학생 마음을 이해하는 데 도움이 되는 말 - 학생 입장에서 이해 -
1. 충고: 네 방법으로는 안 돼. 내 말대로 해봐. 2. 기죽이기: 네 방법이 잘 될까? 3. 밀어붙이기: 내 말이 틀림없어. 내 말대로 해봐. 4. 회피하기: 난 모르겠어. 네가 알아서 해. 5. 반박하기: 네 말이 왜 틀렸냐 하면… 너는 …을 전혀…. 6. 추궁하기: 꼭 그렇게밖에 선택을 못 하겠니? 7. 헐뜯기: 너는 꼭 그 방법밖에 생각 못 하니? 8. 빈정대기: 그런 계획이 잘 될 거 같니? 그래 어디 한번 해봐라. 9. 무시하기: 네 방법은 말이 안 돼. 네 생각은 엉터리야. 10. 비난하기: 너는 한쪽으로밖에 생각을 못 하니? 11. 명령하기: 너는 반드시 …해야 한다 → 저항, 공포, 말대꾸 12. 경고하기: 만약 …하지 않으면 그때는 → 원망, 분노, 저항 13. 동정하기: 기운 내! 나아질 거야 → 이해 부족이라 느낌	1. 관심 갖기: 안색이 안 좋은데 무슨 일 있니? 2. 장점 찾기: 그래 너는 여러 가지 면에서 생각할 줄 아는구나! 3. 들어주기: 아, 그랬어? 좀 더 자세히 말해 줄래? 4. 열린 제안하기: 나의 이런 생각들도 참고해 볼 수 있겠니? 5. 존중하기: 네 말도 일리가 있어. 6. 격려해 주기: 좋은 생각인 것 같아. 너에게 잘 맞을 거야 7. 열린 질문하기: 너는 어떻게 해결해 왔니? 8. 덮어주기: 너무 낙심하지 말고 잘 계획을 세워봐. 9. 용기주기: 그래 그거 참 좋은 생각이구나. 10. 요약하기: 지금까지의 얘기를 정리해 볼까? 11. 지지하기: 네 문제는 잘 해결될 거야. 12. 계속 돕기: 내 도움이 필요하면 언제든지 연락해.

3. 중학생 대상 진로지도의 중요성

21세기의 사회가 세계화, 정보화로 점차 발전하면서 직업의 종류가 다양해지고 보다 전문화되어 가는 빠른 변화에 대응하기 위해서는 직업 선택에 대한 준비가 청소년기에 수행해야 하는 중요한 과제로 부각되고 있다. 1960년대 우리나라에 '진로지도' 개념이 도입된 이래 진로지도의 중요성은 지속적으로 강조되어 왔고, 2007년 2월에 확정 고시된 「2007 개정 교육과정」(교육인적자원부, 2007)에서는 생애단계별 진로교육의 중요성을 강조하여 다양한 분야에서 적성과 소질에 맞게 진로를 개척하는 능력을 기르도록 하고 있다. 학교는 학생들이 장차 사회에 진출하여 독립적인 삶을 영위할 수 있도록 준비시키는 곳으로 학생들 개개인의 능력과 적성, 흥미, 포부, 가치관에 맞는 직업을 선택할 수 있도록 돕고 직업에 대한 태도와 가치관, 능력을 함양시켜야 하는 책임을 지니고 있다. 하루의 대부분을 학교에서 보내는 우리나라 청소년은 학교에 대한 의존율이 높기 때문에 학교는 학생들의 발달단계에 적합한 진로관련 교육내용의 선정과 교육과정의 편성을 통해 체계적인 진로지도와 관심을 가져야 할 필요성이 있다.

청소년기는 발달단계상 진로발달에 중요한 시기이며 진로선택은 발달단계의 연속선상에서 이루어진다. Super(1953)의 진로발달단계에 의하면 15세에서 24세는 진로의 탐색기로 개인이 학교생활, 여가활동, 시간제 일을 통하여 자아검증, 역할시행, 직업적 탐색을 행하고 선호하는 진로에 대하여 계획하고 그 계획을 어떻게 실행할 것인가를 고려하는 것, 즉 진로를 구체화하는 것이 이 시기의 과업이라고 제시하였다(김봉환·김병석·정철영, 2000; 김병숙·손민아, 2005). 진로발달단계의 관점에서 보면 초등학교까지는 진로의 인식단계, 중·고등학교는 진로의 탐색·계획·준비단계, 대학교는 직업 활동을 유지하는 전문화단계로 구분될 수 있다(한국고용정보원, 2007). 우리나라의 경우, 보통은 장래 직업을 구체적으로 고려하는 시기는 고등학교이며(김병숙·전종남, 2004), 중학교 시기는 자신의 진로를 잠정적으로 탐색하고 처음으로 진로결정의 경험을 하게 되며 다양한 직업에 대한 지식을 갖고 자신의 진로를 잠정적으로 개척해 나가야 하는 시기로 보고 있다(한국교육개발원, 1992). 고등학교에서는 이미 실업계와 인문계, 그 외 다양한 계열, 특수목적 고등학교에 입학하게 됨에 따라 고등학생은 주어진 목적을 향해 전념하도록 요구하고 있으며, 대학진학을 향한 시간적인 제약 등의 이유로 충분한 시간과 여유를 가지고 진로에 대한 지도가 이루어지지 못하고 있는 실정이다. 따라서 중학생 시기에 학생들에게 자신의 진로, 직업에 대해 충분한 고려를 하도록 시간을 할애하고 지도하는 일이 현실적이며 효과적이다(김혜래, 2007). 또한 중학생, 교사 모두 중학교 시기에는 자신의 적성과 소질을 파악하고 진로 및 직업선택에 도움을 받을 수 있는 진로탐색활동을 하는 것이 필요하다고 생각하고 있는 것으로 나타났다(김나석·손유미, 2001).

　　최근의 7차 교육과정 속에서 추구하는 인간상과 학교급별 교육목표와의 관계를 보면 폭넓은 교양을 바탕으로 진로를 개척하는 사람으로서 다양한 분야의 지식과 기능을 익혀 적극적으로 진로를 탐색하는 경험을 중학교에서 가진다고 하였다. 그러나 최근 중학교 진로교육의 실태분석과 문제점에 대한 일련의 연구결과들을 살펴보면 현재 우리나라 중학생은 자신의 진로발달단계에서 필요한 다양한 직업세계를 이해하지 못하고 있고, 자신이 선호하는 직업에서 요구되는 조건조차 제대로 아는 학생이 적은 것으로 나타났다. 또한 학교에서 진행되고 있는 진로교육에 대해서도 대부분의 중학생이 불만족하고 있으며(정철영, 2002; 송윤화, 2004; 천옥란, 2005; 김자옥, 2006), 학부모의 학교교육 및 교사의 교육서비스에 대한 만족도 조사에서도 진로 및 진학 지도에 대해 가장 낮은 만족도를 보였다

(한국교육개발원, 2006). 교사를 대상으로 하는 학교의 진로교육 실태 및 현황에 대한 연구결과에 의하면 학생 대상 상담 중 학업 및 진로상담이 가장 비중이 높았으나, 대부분 전문 진로상담자격을 가지고 있지 않았으며 시간부족과 업무량 과다로 인해 진로지도가 제대로 이루어지고 있지 않다(천옥란, 2005). 이러한 연구결과들을 통해 우리나라 중학생의 진로교육의 문제점을 알 수 있으며, 이는 진로발달에 중요한 역할을 하는 학교생활에서 일반중학생에 비해 학교생활에 더 큰 어려움을 겪고 있는 부적응 중학생들은 자신의 진로에 대해 더 큰 어려움을 겪고 있을 것으로 사료된다.

그동안 학교생활부적응 학생에 대한 학교 측의 대응은 교칙에 의해 처벌하거나, 교내봉사 및 반성의 시간을 부여하는 것으로 이루어지고 있으며, 최근에는 지역 내 사회복지관이나 자원봉사센터, 상담실과 연계하여 사회봉사와 상담을 병행함으로써 학생들이 실질적인 도움을 받을 수 있도록 하기도 한다. 하지만 학교생활부적응 관련 상담내용이 지속적이지 못하고 보다 전문적이고 체계적인 접근을 하고 있지 못해 부적응 학생들의 학교생활부적응 양상이 지속되는 경향을 보이게 된다(변귀연, 2004; 김영희, 2010).

이들 학교생활부적응 학생들의 부적응 행동 유형이나 원인 및 경위는 매우 다양하고 복잡하지만 대부분 공통적으로 발견되는 문제가 있다. 자신이 학교에 다녀야 하는 이유와 공부를 해야 하는 이유를 모르며, 앞으로 어떻게 살아야 할지에 대한 희망과 삶의 목적의식이 없다는 것이다. 이는 Lazarus(1969)가 말한 학교생활부적응학생의 성격특성 중 하나인 목적의식의 결핍으로 자신이 무엇을 해야 하는지, 무엇을 위해 살아야 하는지에 대한 의식이 부족한 것으로 진단된 것과 동일하다. 구체적으로 말하면 목적의식의 결핍은 진로에 관한 것들로서 자신이 하고 싶은 일이나, 본인의 적성에 맞는 일을 찾으려는 노력, 또는 자신이 앞으로 어떤 일을 해야 하며, 그것을 이루기 위해 행해야 하는 노력들이 취약한 것으로서 곧, 진로성숙도가 낮다는 것을 의미한다(전두배, 2006). 학교생활부적응 학생들의 또 다른 공통 특성은 학교생활에 부적응을 일으키는 특성과 진로를 선택하고 포기하는 과정의 특성이 매우 유사하며, 진로에 대한 부정적인 지각은 학교에 대한 부정적인 지각으로 이어지고, 학교에서의 반항적이고 폭력적인 성향이 진로선택의 포기과정에 있어서도 같이 나타나고 있다는 것이다. 또한 학교생활부적응 학생들은 관심사가 다양하여 단조로운 한 가지 일에 집중하지 못하는 성향이 진로에 있어서도 이것저것 많은 관심을 갖고 있기 때문에 획일화된 학교교육에 적응하지 못하는 모습을 보인다. 학교생활부적응 청소년의 진로선택과정에 대한 이재림(2008)의 연구결과에 의하면 학교생활부적응이 진로와 직접적으로 관계가 있고, 진로의 희망을 찾은 후 학교에 다시 잘 적응하였던 경험을 찾아볼 수 있었다. 또한 진로지도는 학생의 인성교육과도 밀접한 관련을 가지고 있어 여러 가지 청소년 문제의 예방을 위해서도 매우 중요하다고 하였다(삼성생명 사회정신건강연구소, 1998).

학교생활부적응의 원인은 한 개인의 문제라기보다 개인의 내적인 요인과 환경적인 요인이 결합되어 발생하는데 가정환경, 학교환경, 지역사회환경 등의 상호작용의 결과이다. 이에 학교생활부적응 학생에 대한 진로지도는 일반학생에 비해 보다 다각적인 접근이 필요하다고 하겠다. 즉, 학생 개인에 대한 사회·심리적 측면의 접근과 더불어 가정·또래 및 학교·지역사회가 연계된 생태체계적 접근으로 학생의 환경체계를 고려하면서 학생의 개인의 특성과 수준에 맞는 진로지도가 필요하다고 하겠다.

4. 나가며

학교는 학생들이 장차 사회에 진출하여 독립적인 삶을 영위할 수 있도록 준비시키는 곳으로 학생들 개개인의 능력과 적성, 흥미, 포부, 가치관에 맞는 직업을 선택할 수 있도록 돕고 직업에 대한 태도와 가치관, 능력을 함양시켜야 하는 책임을 지니고 있다. 하루의 대부분을 학교에서 보내는 우리나라 청소년은 학교에 대한 의존율이 높기 때문에 학교는 학생들의 발달단계에 적합한 진로관련 교육내용의 선정과 교육과정의 편성을 통해 체계적인 진로지도와 관심을 가져야 할 필요성이 있다.

학생들이 경험하는 학교폭력, 학습부진, 비행 등과 같은 문제는 단순히 학생개인의 부적응 문제라기보다는 학생을 둘러싸고 있는 가족, 학교, 지역사회 등과 같은 환경적인 요인 등이 복합적으로 작용해서 나타난다. 현재 우리나라에서 발생되고 있는 다양한 학생의 문제는 심각한 수준이며 이런 심각성은 학교와 가정 그리고 지역사회가 지닌 문제들과 상호관련성을 지니고 있어 해결방법에 대한 새로운 패러다임이 필요한 시점이다. 즉, 교육제도만으로 학생들의 문제 해결이나 학교생활에 어려움을 겪는 학생들에 대한 진로지도가 쉽지 않다는 것이다. 교육제도 내 다양한 전문직 간의 다 학제적 협력(multidisciplinary collaboration)이 필요하며 이를 기초로 한 개별화된 해결방안을 통해 학생 중심의 관점에서 문제를 예방하고 해결할 수 있을 것이다.

오래전부터 서구 선진국에서 교육제도 내에 의사, 간호사, 사회복지사, 심리상담사 등 다양한 전문직 간의 다 학제적 협력을 통해 교육활동을 촉진시키고 있는 것은 이미 보편적인 현상이다. 우리 교육 현장에서도 활용 가능한 교육복지 네트워크를 연계한 학교사회복지, 교육복지투자우선지역지원 사업, Start 사업, Wee Projet 등 교육과 복지의 접목이 시도되고 있어 시대적인 패러다임을 체감할 수 있으나, 이러한 사업들은 현재 선별적으로 지원되고 있기에 모든 학교가 보편적으로 활용하는 데에는 어려움이 있다. 아직 이런 접근방법이 지원되고 않은 학교는 그냥 기다리는 수밖에 없는 것일까? 그러나 학교 밖으로 눈을 돌리면 생각 외로 우리가 활용할 수 있는 자원들은 많다. 우리 지역에는 지역사회복지관, 정신보건센터, 동사무소, 지역아동센터, 청소년수련관, 청소년상담센터 등의 학생생활지도 및 학생상담에 도움이 되는 많은 전문기관들이 있으며 이들을 확인하고 적절히 활용할 수 있어야 할 것이다.

결론적으로 학생의 문제를 교육제도 틀 안에서 교사가 모두 끌어안고 가기보다는 다양한 지원체계인 사회복지사, 전문상담교사, 청소년 상담사, 정신보건사 등 타 전문가들과의 파트너십을 통해 학교와 가정, 지역사회를 연계한 접근방법으로 학생문제를 해결하여야 할 것이다.

학생문제를 바라보는 새로운 패러다임을 통해 학교가 공동체로서의 기능을 회복하고 학교 성적에 관계없이 모든 학생들에게 의미 있고 유익한 곳이 될 수 있도록 노력해야 할 것이다.

ID			

(교 사 연 수 설 문

1. 선생님께서는 일반학생과 학교생활부적응 학생들의 진로탐색프로그램의 내용에 차이가 있어야 된다고 생각하십니까?

___① 예   ___② 아니오

2. 선생님께서는 학교생활부적응 학생들을 대상으로 하는 진로탐색프로그램이 필요하다고 생각하십니까?

___① 전혀 필요하지 않다   ___② 필요하지 않다   ___③ 보통이다

___④ 필요하다   ___⑤ 매우 필요하다

3. 아래의 내용으로 진로탐색프로그램을 학교생활부적응학생들에게 실시한다면 관련 내용이 얼마나 필요하다고 생각하십니까? 해당되는 곳에 V표기 해주십시오.

항 목	전혀 필요하지 않다	필요하지 않다	보통이다	필요하다	매우 필요하다
3-1. 자신에 대한 이해	①	②	③	④	⑤
3-2. 또래 및 타인에 대한 이해	①	②	③	④	⑤
3-3. 부모님에 대한 진로교육	①	②	③	④	⑤
3-4. 부모님과 함께하는 진로탐색(진로찾기)	①	②	③	④	⑤
3-5. 학교생활 속에서의 진로찾기	①	②	③	④	⑤
3-6. 진로와 직업에 대한 이해	①	②	③	④	⑤
3-7. 직업에 대한 탐색(직장탐방, 직장인만남)	①	②	③	④	⑤
3-8. 자신의 진로선택(진로설계)	①	②	③	④	⑤
3-9. 프로그램 내용 중 교사참여(1~2회 정도)	①	②	③	④	⑤

4. 이 밖에 학교생활부적응학생의 진로탐색프로그램과 관련하여 필요한 프로그램 내용
   이나 의견이 있으시면 자유롭게 기술해 주십시오.

```



```

5. 오늘 진행되었던 내용 중 학생에 대한 이해의 시간이 되셨습니까?
   ___① 전혀 그렇지 않다   ___② 그렇지 않다   ___③ 보통이다
   ___④ 그렇다   ___⑤ 매우 그렇다

6. 오늘 진행되었던 내용 중 중학생의 진로에 대해 이해하는 시간이 되셨습니까?
   ___① 전혀 그렇지 않다   ___② 그렇지 않다   ___③ 보통이다
   ___④ 그렇다   ___⑤ 매우 그렇다

7. 본인 성별	___① 남자 ___② 여자		
8. 귀하의 연령은?	___① 20대 ___② 30대 ___③ 40대 ___④ 50대 ___⑤ 기타: _____		
9. 교직 경력	___① 5년 이하 ___② 6~10년 ___③ 11~15년 ___④ 16년 이상		
10. 담당 학년	___학년		
11. 담당부서 및 직위	_____부 _____직위		

* 설문에 응해 주셔서 진심으로 감사합니다 *

진로 관련 참고사이트 및 참고문헌

[참고문헌]

가족치료연구모임, 『단기가족치료 - 해결중심으로 나아가기』, 1996, 서울: 하나의학사.

가족치료연구모임, 『해결중심적 단기가족치료』, 1995, 서울: 하나의학사.

김서규, 『학교상담 12가지 사례』, 2009, 학지사.

김계현 외, 『학생상담과 생활지도』, 2009, 학지사.

박성희, 『담임이 이끌어가는 학급상담』, 2006, 학지사.

박재황 외, 『청소년의 단기상담』, 1997, 서울: 한국청소년상담원.

변은주, 『전문상담』, 2008, 박문가.

서울특별시청소년상담지원센터, 「서울특별시청소년상담지원센터 운영보고서」, 2008

신규진, 『아이들의 성장을 돕는 학교상담』, 2008, 우리교육.

이경숙 외, 『생활지도와 상담』, 2009, 동문사.

이수연, 『아동상담』, 2008, 양서원.

이소희 · 도미향 외, 『청소년 복지론』, 2005, 나남출판사.

허남순 · 노혜련, 『해결을 위한 면접』, 1998, 서울: 학문사.

홍봉선 · 남미애 공저, 『청소년 복지론』. 2007, 공동체.

홍봉선 · 남미애 외, 『청소년 복지론』, 2000, 양서원.

황매향, 『학업상담』, 2007, 학지사.

[참고사이트]

전국학교상담지원센터 http://cafe.daum.net/teachercenter

서울시 청소년상담지원센터 http://www.teen1318

서울시 소아청소년정신보건센터 http://www.youth.blutouch.net

유스 워크넷 http://www.work.go.kr/youth

한국진로상담연구소 http://www.teensoft.net

인천광역시청소년진로지원센터 http://www.jobguide.or.kr/

아이진로 http://www.ijinro.com/

청소년세계 http://www.youth.co.kr/

청소년진로실무자협의체 http://www.youthcareer.co.kr/

사이버진로탐색엑스포 http://cyber.friend5279.or.kr/
전국청소년창의적체험활동지원센터 http://www.scca.or.kr/
코리아청소년신문 http://www.ynews.co.kr/
한국잡월드 http://www.koreajobworld.go.kr
한국청소년상담원 www.kyci.or.kr
한국가이던스 www.guidance.co.kr
한국진로상담연구소 www.teensoft.net
한국중앙고용정보원 www.work.go.kr
마이비젼21닷컴 www.myvision21.com
한국직업능력개발원 www.careernet.re.kr
삼성아동교육문화센터 http://child.samsungfoundation.org
진학진로정보센터 www.jinhak.or.kr
학교진로상담지원센터 와우커리어스쿨 www.wowwcareerschool.com
한국직업정보시스템 www.know.work.go.kr

[관련 도서]
최명성 · 문은미, 『꿈을 찾으면 내 직업이 보인다』, 이담북스.
강보영, 『진학보다 진로를 먼저 생각하는 10대의 미래지도』, 노란우산.
하영목, 『10대의 꿈을 실현해 주는 진로코칭』, 북하우스.
남성현, 『꿈은 이루어진다』, 진리탐구.
YEHS, 『국가대표 공학도에게 진로를 묻다』, 생각의나무.
김원중, 『김원중 교수의 청소년을 위한 사기』, 민음인.
한왕근, 『자기주도형학습 X파일』, 매일경제신문사.
미야다이, 신지, 『사춘기, 너에게 고민을 권한다』, 황보진서.
찰스 필립스, 『시각적, 수평적 사고를 키우는 100가지 퍼즐』, 비즈니스맵.
찰스 필립스, 『전략적, 즉각적 사고를 키우는 100가지 퍼즐』, 비즈니스맵.
엄명종, 『공부가 재밌어지는 진로의 정석』, 웅진웰북.

[관련 영화]
「언 애듀케이션」(영국, 2009)
「옥터버 스카이」(미국, 1999)
「빌리 엘리어트」(영국, 2000)
「훌라 걸스」(일본, 2006)

조성심 ───

　　서울여자대학교 사회사업학 석사
　　평택대학교 사회복지학 박사
　　2000년 은평공업고등학교 학교사회복지사
　　2002~2003년 연서중학교 학교사회복지사
　　2002~2006년 서울특별시교육청 학교사회복지 시범사업 총괄팀장
　　2002~2010년 한국학교사회복지사협회 기획연구팀장 및 대외업무협력위원
　　2004~2010년 한서고등학교 학교사회복지사
　　2008~2010년 순천향대학교 사회복지학과 겸임교수
　　2006~2010년 그리스도대·강남대·평택대·한라대학교 등 사회복지학과 외래교수
　　현) 한북대학교 사회복지학과 교수
　　　　파주건강가정지원센터 자문위원
　　　　한국 케어메니지먼트 학회 이사

김진주

　　강남대학교 사회복지전문대학원 졸업
　　2006~현재 수지중학교 학교사회복지사
　　2009년 경인방송 「진주의 뮤직박스」 상담실코너 진행
　　현) 한국학교사회복지사협회 대외협력팀장

김진경

　　그리스도대학교 졸업
　　2009~2010년 한서고등학교 학교사회복지실 파트타이머
　　현) 숭실대학교 사회복지학 석사과정 중

이제
하고 싶은 일이
생겼어요

초 판 인 쇄 | 2011년 6월 30일
초 판 발 행 | 2011년 6월 30일

지 은 이 | 조성심
펴 낸 이 | 채종준
펴 낸 곳 | 한국학술정보㈜
주 　　소 | 경기도 파주시 교하읍 문발리 파주출판문화정보산업단지 513-5
전 　　화 | 031) 908-3181(대표)
팩 　　스 | 031) 908-3189
홈 페 이 지 | http://ebook.kstudy.com
E - m a i l | 출판사업부 publish@kstudy.com
등 　　록 | 제일산-115호(2000. 6. 19)

ISBN　　978-89-268-2370-5 93370 (Paper Book)
　　　　978-89-268-2371-2 98370 (e-Book)

내일을여는지식 ▌은 시대와 시대의 지식을 이어 갑니다.